INTERACTIVE COOPERATION

A NEW CHOICE FOR ELDERLY CARE

互动合作

养老的新选择

庞　志◎著

中国财经出版传媒集团
中国财政经济出版社

图书在版编目（CIP）数据

互动合作：养老的新选择／庞志著. --北京：中国财政经济出版社，2024.3

ISBN 978-7-5223-2823-2

Ⅰ.①互… Ⅱ.①庞… Ⅲ.①养老-社会服务-中国
Ⅳ.①D669.6

中国国家版本馆 CIP 数据核字（2024）第 041385 号

责任编辑：贾延平　　　　责任校对：张　凡
封面设计：任飞扬　　　　责任印制：党　辉

互动合作：养老的新选择

HUDONG HEZUO：YANGLAO DE XINXUANZE

中国财政经济出版社 出版

URL：http：//www.cfeph.cn

E-mail：cfeph@cfeph.cn

社址：北京市海淀区阜成路甲 28 号　邮政编码：100142

营销中心电话：010-88191522　编辑部电话：010-88190957

天猫网店：中国财政经济出版社旗舰店

网址：https：//zgczjjcbs.tmall.com

北京虎彩文化传播有限公司印刷　各地新华书店经销

成品尺寸：170mm×240mm　16 开　11.5 印张　160 000 字

2024 年 3 月第 1 版　2024 年 3 月北京第 1 次印刷

定价：58.00 元

ISBN 978-7-5223-2823-2

（图书出现印装问题，本社负责调换，电话：010-88190548）

本社质量投诉电话：010-88190744

打击盗版举报热线：010-88191661　QQ：2242791300

前　言

伴随全球人口老龄化趋势的加剧，我国于1999年正式跨入老龄化社会的行列。我国老龄化具有老年人口数量多、增长速度快、地区发展不平衡等特点，加之因家庭结构趋核心化、小型化和代际空间分离等原因，造成家庭照护功能明显减弱，这些现状势必会对老年服务供给规模和供给内容提出更高的要求。党和国家高度重视养老服务事业发展，党的二十大报告提出，要实施积极应对人口老龄化国家战略，发展养老事业和养老产业，优化孤寡老人服务，推动实现全体老年人享有基本养老服务。可以看出，养老服务的相关问题已成为关系老年人切身利益、关系家庭发展和促进社会和谐的重要议题。

以“参与”和“分权”为核心思想的福利多元主义，强调多元主体共同参与，各司其职、各尽其能，反对权力的集中和滥用。以“公共利益最大化”为基本目标的善治理论，强调国家与社会相互依赖，倡导多主体的共同参与和互动。养老服务多元供给主体的互动合作研究，就是以这两大理论为指导，在坚持政府、公益性社会组织和市场等供给主体共同参与的基础上，以“互动协商”和“合作共治”为模式特征，以协同提质为目标开展的。

本书以互动合作为核心，首先提出了养老服务多元供给主体互动合作的研究背景、意义、相关概念界定以及国内外研究进展等；其次，在以福利多元主义和善治理论为指导思想的基础上，提出了我国养老服务多元供给主体互动合作的必要性、可行性，并以益田社区、震泽社区和文昌社区三个社区养老服务供给主体互动合作情况为案例进行了分析和比较；最后，本书具体分析了养老服务多元供给主体的互动合作机制、过程、发展方向、策略和实现路径，为政府发挥主导作用提出了基本策略，为我国养老服务提供了新思路。

庞志

2024 年 2 月

目　录

第一章

养老服务多元供给主体互动合作的背景及意义

第一节　养老服务多元供给主体互动合作的背景

近些年，我国老龄化趋势逐步加剧的状况越来越严重。2010年第六次全国人口普查的结果显示，中国60岁及以上人口数量为1.79亿，占总人口的13.26%；65岁及以上人口数量约为1.2亿，占总人口的8.87%。2020年第七次全国人口普查的结果显示，中国60岁及以上人口为2.64亿，占总人口的18.70%；65岁及以上人口数量约1.9亿，占比已经超过13.5%。2022年国家卫健委测算，2035年左右我国60岁及以上老年人口数量将突破4亿，在总人口中的占比将超过30%，进入重度老龄化阶段①。

老年人口规模庞大且增长速度飞快，是我国人口老龄化的典型特征。除此之外，我国人口老龄化还具有以下特点：

首先，失能比例高，失能期长。第四次中国城乡老年人生活状况抽

① 陆杰华，林嘉琪．重度老龄化社会的人口特征：风险识别与战略应对［J］．中国特色社会主义研究，2023（1）：59－68.

样调查显示，中国失能、半失能老年人已超4000万人。北京大学人口学研究显示，预计到2030年，中国失能老人规模可能超过7700万人，每位失能老人平均经历7.44年的失能期。随着预期寿命的延长，失能老人将越来越多，传统的家庭养老模式将无法满足这些老人的养老服务需求。

其次，空巢老人比重高。随着工业化的发展和城市化的推进，城市中劳动力的需求量逐渐增加，大量青壮年涌向城市，空巢老人现象逐步凸显。2022年，民政部举行第四季度例行发布会，会议介绍，我国老年人口中空巢老人占比目前已超过一半，部分大城市和农村地区的空巢老年人比例甚至超过70%。

最后，地区发展不平衡。我国人口聚集状况具有明显的东多西少的特点，人口老龄化的空间分布与人口密集度正好一致，即东部地区的老龄化程度比西部地区更加严峻。从具体省份来看，上海于1979年就进入老龄化时期，是全国进入老龄化最早的省份；进入老龄化最晚的是2012年才步入老龄化时期的宁夏回族自治区。一早一晚，两个省份进入老龄化的时间相差33年之久，如此长的时间间隔必然会引发这样或那样的社会问题。

由于家庭结构的变化，以及子女数量的减少，传统的家庭养老已经不能适应我国快速的老龄化趋势，这已引起政府的高度重视。2006年，民政部连同国家发展和改革委员会共同启动“十一五”社区服务体系发展规划，明确表示“注重发挥家庭和社区功能，优先发展社会养老服务，培育壮大老龄服务事业和产业”。2011年3月，国家发布的“十二五”规划指出，将建立“以居家养老为基础、社区养老为依托、机构养老为支撑”的社会养老服务体系，加快社会养老服务业发展。

促进老龄事业、产业发展的同时，努力增进建立和完善公共养老服务设施，积极将社会资本吸引、统筹、纳入具有长期护理和特殊护理功能的医疗服务机构的建设，实现每百名老人在养老机构的床位占有量不低于3张。2016年“十三五”规划提出，到2020年实现每百名老人在养老机构的床位占有量达到3.5张至4张，在养老服务内容上也要继续加大扩展力度，实现养老服务从基本日常照顾向辅助器具配置、医疗救治、心理安慰、紧急救援、法律援助等多方面发展，同时还要充分发掘可利用的老年人人力资源，并努力提升服务设施和活动设施的利用率。2022年，“十四五”规划提出，要在“十四五”时期，推动老龄事业和产业协调发展，构建和完善兜底性、普惠型、多样化的养老服务体系，使老年人的获得感、幸福感、安全感显著提升。

第二节　养老服务多元供给主体互动合作的意义

一、理论意义

本书的理论意义主要包括以下三个方面。

（一）有助于充实养老服务的相关研究

目前，不少学者开始从多元供给方式这一视角研究养老服务，

但是以政府、公益性社会组织和私营组织这三者为研究对象，以互动合作为核心的研究还比较少。因此，本书以养老服务的多元化需求为出发点，在此基础上探讨多元供给主体的职责和功能，有助于丰富和充实养老服务相关问题的研究。

（二）有助于为优化供给主体合作模式奠定基础

基于调研基础上的养老服务多元供给主体互动合作研究，不仅从理论上分析了调研过程中有代表性的三个案例，分别阐述了它们各自的模

式及优缺点，而且通过调研数据对多元供给主体互动合作情况进行比较，实现了定性分析与定量分析的有机结合，为进一步优化供给主体的参与和合作模式奠定了基础。

（三）有助于为优化供给主体合作路径提供理论支持

基于理论探讨和调研分析，本书提出多元养老服务供给主体互动合作的机制、过程、策略和实现路径，深入探讨了多元供给主体如何合作的问题，对于现阶段我国养老服务供给主体如何安排具有重要的理论指导意义。

二、现实意义

本书的实践意义主要包括以下三个方面。

（一）有助于完善我国的养老服务体系

当前，我国养老服务体系还处于不断发展与完善的过程中。发展养老服务多元供给主体的互动合作是对家庭养老与机构养老的拓展和深化，是我国构建新型养老服务体制的必然要求。本书的研究有助于解决老年群体的多样化需求问题，有助于促进优质、高效的服务及时供给，进而，有益于完善我国的养老服务体系。

（二）有利于转变政府职能实现资源优化配置

努力推动养老服务的多元化供给，不但能够有效地减轻政府的财政负担，而且通过动员社会主体的广泛参与可以将政府从直接提供养老服务的琐事中解脱出来。政府只需扮演“掌航者”的角色，具体服务由公益性社会组织和私营组织来提供。本书的研究有助于各自优势的充分发挥，有利于实现资源的优化配置。

（三）有利于提高老年人的生活质量

不同的年龄阶段具有不同的生理特征和心理特征，老年人同样具有他们这一年龄段独特的特点，因而在需求上也具有特殊性。供给主体应该努力为老年人提供种类丰富、门类齐全、适应其特殊需求的各种养老服务，而多元供给主体的互动合作可以很好地满足老年人的物质需求、精神需求、文化需求和发展需求等，以此来提升老年人的生活品质，增进其晚年生活的幸福感。

第三节　养老服务多元供给主体互动合作的框架与方法

一、框架

第一章，为本书的引言部分，主要介绍了本书的研究背景、研究意义、结构安排、研究方法、主要贡献以及不足。

第二章，为文献综述部分。本章主要完成了相关概念的界定和对国内外相关文献的梳理工作。就养老服务而言，本章重点剖析了它的含义和发展历程；就多元供给主体而言，本章分别对政府、公益性社会组织、市场、社区和家庭在养老服务中的职能及作用展开分析，并强调提出政府、公益性社会组织和市场是本书重点研究的三大主体对象；就互动合作而言，本章重点分析了互动合作的含义及三种类型。对于文献回顾，本章分别从国内、国外两个维度展开。国内方面，本章分别从老年人对养老服务的需求研究、养老服务供给主体的地位和作用研究、养老服务供给主体的互动合作模式研究和养老服务供给主体互动合作的实践研究四个方面进行了文献梳理；国外方面，重点从国外养老服务供给主体研究和国外养老服务供给方式研究两个方面进行了文献梳理。

第三章着重分析了养老服务多元供给主体互动合作的两大理论，分别是福利多元主义理论和善治理论。福利多元主义理论部分，重点阐述了其概念和主要内容，并强调“分权”与“参与”是其两个核心思想，提出了福利多元主义理论的产生和发展经历的三个阶段，之后列举了西方学者在福利多元主义理论的产生和发展中所作的贡献。在福利多元主义与养老服务多元供给的论述中，重点以福利多元主义理论分析了养老服务的多元化需求，养老服务的多元供给主体以及从角色定位、具体职能和供给范围三个方面对政府、公益性社会组织和市场三大主体进行功能定位。在善治理论部分，笔者首先提出了善治是治理理论追求的目标，对治理的概念进行了解析，进而阐述了善治的多重属性，分析了善治理论的本质，即多主体合作共治。在善治理论指导下的养老服务多元供给主体的互动合作中，互动协商和合作共治是养老服务多元供给主体互动合作的主要模式特征。之后，本章提出以满足老年人的多元化需求为根本原则，以保持供给主体的平等地位为基本原则；最后，本章阐述了养老服务多元供给主体互动合作的意义。

第四章主要介绍和分析了我国养老服务多元供给主体互动合作的必要性、可行性及其现状。多元供给主体互动合作的必要性主要包括：老龄化趋势严峻、老年服务需求扩大，家庭规模缩小、照顾功能减弱，以及社会关系动态平衡的内在驱动。多元供给主体互动合作的可能性主要包括：服务型政府助推多元主体参与养老服务，公益福利彩票增加养老服务资金支持，信息化构筑养老服务平台，老龄化产业蓬勃发展以及国际化养老态势引领和推动。介绍我国多元供给主体互动合作的现状时，本章在列举我们取得成就的同时，重点指出各主体角色定位模糊，沟通交流渠道有待疏通，资源的整合能力欠佳以及合作过程缺乏严密的制度保障。

第五章主要对我国养老服务多元供给主体的互动合作状况进行了调研分析。首先提出调研目的、调研方式、调研对象、调研方案设计以及对调研数据进行处理的方法。进而，本章对养老服务多元供给主体的互动合作情况进行案例分析，有针对性地选取了代表性较强的三个社区，即深圳益田社区、无锡震泽社区和扬州文昌社区。三个社区分别对应了政府与公益性社会组织互动合作、政府与私营组织互动合作和政府、公益性社会组织与私营组织互动合作三种合作模式，深入分析了各种合作模式中参与主体的职能、做法，各个合作模式的优点和缺点。最后，从社区负责人视角和老年人视角比较分析了三个社区养老服务多元供给主体互动合作的效果。

第六章主要对养老服务多元供给主体的互动合作机制和过程展开分析。对互动合作机制的阐述主要从信任机制、参与机制、沟通机制和监督机制四个维度展开，并以此为基础提出了四类供给机制之间的关系。对于养老服务多元供给主体互动合作的过程，笔者将其划分为授权阶段、执行阶段和评验阶段。其中，授权阶段包含政府授权、社区和养老机构授权以及老人和家属授权；执行阶段包括定位时段、整合时段和实施时段；评验阶段包括验收时段和评估时段。

第七章主要分析了养老服务多元供给主体互动合作的发展方向、策略和实现路径。首先提出协同提质是养老服务多元供给主体互动合作的发展方向；进而从养老服务的多元供给需要发挥政府的主导作用，养老服务的准公共物品属性决定了其不能完全市场化等角度提出了养老服务多元供给主体互动合作的基本策略。最后，从转变和优化政府职能，加强公益性社会组织建设以及鼓励和扶持营利性组织发展等方面阐述了养老服务多元供给主体互动合作的实现路径。本书的研究分析框架见图 1－1。

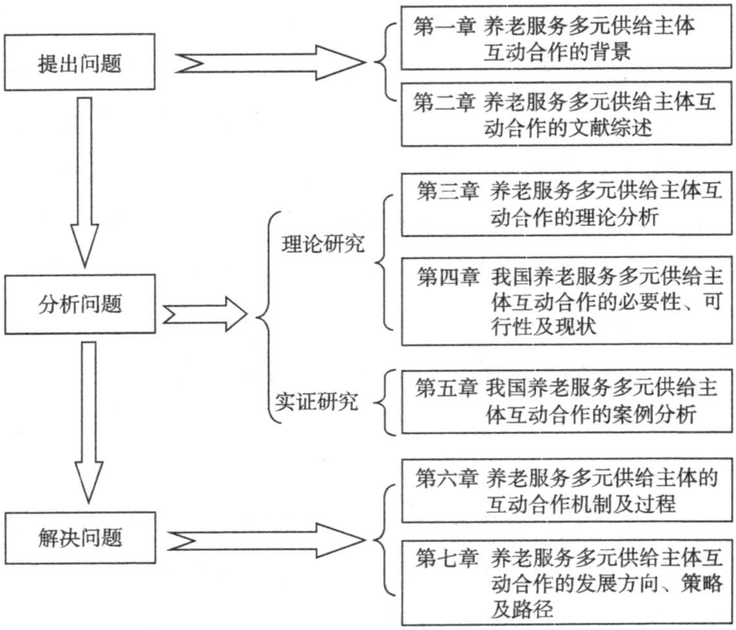

图 1-1　研究分析框架

二、方法

（一）文献法

在研究过程中，笔者阅读、梳理和总结了国内外相关和相近领域涉及养老服务多元化需求、养老服务多元供给主体的职能、供给主体互动合作状况等的文献资料，了解相关主题的研究进展，并分析已有研究的优势与不足，为本书进一步研究奠定了基础。

（二）规范研究与实证研究相结合的方法

规范研究是在揭示研究对象和研究内容的基础上对其进行价值判断的一种定性分析方法；实证研究是通过统计或计量工具探究研究对象的内在规律。一方面，本书立足于社会学的思想和理论，依据社会学研究的内在逻辑和基本范式，对养老服务多元供给主体互动合作的模式、原则、内容、必要性、可能性、实现路径等进行了分析；另一方面，通过对三个社区的老年人和社区负责人发放访谈问卷、收集问卷并进行统计分析，为本书养老服务供给主体不同合作模式的比较奠定了基础。

（三）比较研究法

比较分析法是本书的主要研究方法之一。本书深入分析并比较了养老服务供给主体不同合作模式的优劣，并运用这一方法对三个社区访谈结果及问卷结果进行了统计比较。比较法是本书主体框架内容采用的最为重要的研究方法，为养老服务多元供给主体互动合作的基本策略和实现路径提供了参考和依据。

（四）访谈法

访谈法能够直接且高效地获取第一手资料。本次调研过程中，笔者分别对三个社区的负责人进行了针对性的访谈，对社区老年人进行了随机访谈，从访谈中了解社区养老服务体系的建设情况，涉及养老服务供给主体、养老服务体系和制度体系、服务监督与保障、硬件设施、服务内容与质量、服务供给影响因素、服务效率及影响因素等，其访谈内容是本书深入了解养老服务供给主体不同合作模式优缺点的重要来源。

（五）问卷调查法

向社区相关负责人和年满 60 周岁的老年人发放调研问卷，问卷主要涉及社区基本信息、社区养老服务供给情况以及社区养老服务接受情况等，其目的在于了解政府、公益性社会组织和市场（私营组织）在社区养老服务中的参与情况、作用的大小、合作的效果，以及社区老年人养老服务的需求状况及供给满足程度等。

第四节　养老服务多元供给主体互动合作研究的贡献及不足

本书借鉴了养老服务多元供给主体互动合作的相关理论和实证研究，从理论上阐述了多元供给主体互动合作的模式特征、原则和意义，归纳和分析了养老服务多元供给主体互动合作的必要性、可行性及其现状。在实证方面，笔者通过访谈和问卷调查对三种不同类型养老服务多元供给主体的合作模式进行了比较。与其他相关研究相比，本书的主要贡献包括以下三个方面。

第一，研究视角方面。

前期学者对养老服务相关问题的研究已取得了较为丰硕的成果，但以福利多元主义和善治理论为指导思想，以互动合作为核心的研究并不多见。基于此，本书从互动协商和合作共治两个维度提出养老服务多元供给主体互动合作的模式特征，并提出以满足老年人的多元化需求和以保持供给主体的平等地位为多元供给主体互动合作的基本原则。最终，在明确角色分工的基础上，本书阐述了多元供给主体互动合作的内容。指导思想与研究主题的深度结合，使本书更丰满，也更有深度。

第二，研究内容方面。

对于互动合作机制的阐述，本书主要将其划分为信任机制、参与机制、沟通机制和监督机制四个大类，并以此为基础提出四类供给机制之间的关系。对于养老服务多元供给主体互动合作的过程，本书主要将其划分为三个阶段，即授权阶段、执行阶段和评验阶段，并对三个阶段进行了具体细化：授权阶段包含政府授权、社区和养老机构授权以及老人和家属授权；执行阶段包括定位时段、整合时段和实施时段；评验阶段包括验收时段和评估时段。

第三，研究方法方面。

本书采用的是双重比较法，即综合运用内部比较与外部比较相结合的方法。在内部比较上，本书首先对每一种合作模式的社区进行供给主体职能和做法的分析，在此基础上对该模式合作效果进行了评估、比较，进而总结出这一模式的优势和不足。在外部比较上，本书对三个社区进行了横向的社区负责人问卷和访谈相关情况的比较，以及老年人问卷和访谈相关情况的比较，得出了最优的合作模式。

在研究创作过程中，因笔者自身的理论基础和研究水平有限，本书还存在一些不足，需要继续改进和完善。

第一，理论研究方面。

笔者将善治理论作为本书重要的指导思想，较系统地阐述了善治理论指导下的养老服务多元供给主体互动合作的模式、原则和内容，但前期学者对这一问题的关注和分析的角度与本书有所差异，因而可供参考的文献并不丰富，这在一定程度上增加了本书创作的难度。

第二，实证研究方面。

调研之前尽管进行了调研目的、调研人员相关信息等内容的介绍，并由社区工作人员引领，但仍有一些老人存在一定的顾虑。此外，受社区规模、受访意愿、出行便利性的影响，仅对每个社区 20 名 60 岁以上的老年人进行了问卷调查。这些问题都会在一定程度上影响统计和预测的精准性。

第二章

养老服务多元供给主体互动合作的文献综述

第一节　相关概念界定

一、养老服务

（一）养老服务的含义

伴随人口老龄化形势的严峻，青壮年人口的流动性大大增强，家庭照护功能随之减弱，传统的家庭养老已经无法满足老年人的照护需要，这使养老服务问题从家庭问题转变成社会问题。“从广义来看，养老服务是指社会为使老年人安度晚年而提供的一切正式和非正式的安排，包括物质保障、精神保障及相应的制度安排等；从狭义而言，养老服务是指政府和社会为老年人提供的日常照料、护理等劳动，以及围绕这一劳动形成的设施和制度等，是老年保障制度的重要组成部分[①]。”

① 董红亚，中国养老服务体系建设研究［M］．北京：中国社会科学出版社，2014（1）：44－49.

养老服务包括服务的主体、服务内容、服务对象、服务方式、资金来源及制度规范等。其中，前四者的联系更为紧密，也构成了养老服务的主要框架，如图2－1所示。服务主体主要包括政府机构、民间组织、养老机构和私营公司等；服务对象主要包括居家老人、社区老人、机构老人和残障老人等；服务内容主要包括生活护理、医疗保障、老年消费、老年文化等；服务方式主要包括居家服务、社区服务、机构服务以及中介服务等。简单来说，养老服务是养老保险的深化和拓展，在保障老年人物质需求的前提下，努力满足老年人的精神需求、文化需求和安全需求，以期最终实现“老有所养、老有所医、老有所为、老有所学、老有所乐”的养老服务目标。

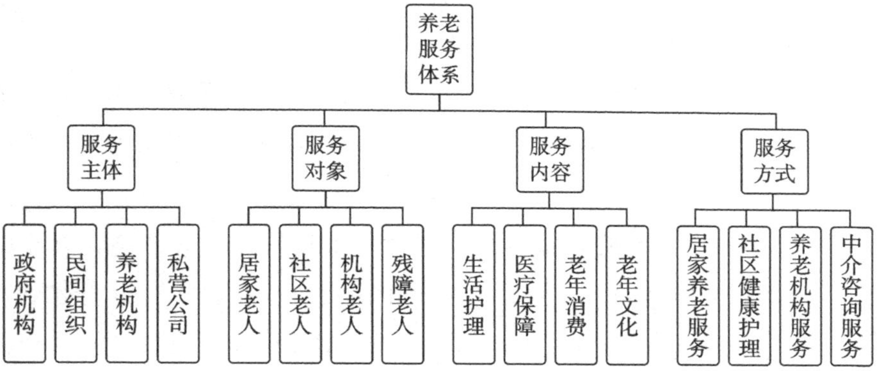

图2－1　我国当前的养老服务体系

资料来源：笔者整理文献绘制而成。

（二）养老服务的发展历程

养老服务通过充分发挥供给主体内部和供给主体之间的协调和整合能力，以满足老年人的生活、发展需要为目标，努力为老龄人士构建一套完善的服务体系。我国的养老服务建设是顺应时代潮流并不断完善的，前后经历了萌芽时期、福利时期、发展时期和规范时期四个阶段。

1. 2000年以前：养老服务的萌芽时期

我国1990年民政事业发展统计报告开创了有政策文件可考的养老

服务的新时代。该报告记载显示，当时乡镇养老院的覆盖比率超过一半，达到52.6%，社区中老年人健身、娱乐、康复等服务设施的拥有量超过两万个。此后数十载，养老服务的统计内容也主要依靠社区养老服务设施的数量、养老机构的覆盖率等指标来体现。简而言之，2000年之前的这段时间，尽管老年人口数量不断攀升，但并没有明确区分开老年人服务、优抚对象服务、残疾人服务等。此时服务供给主体多集中于各级政府，服务对象主要针对孤寡老人和困难老人，对养老服务的类别划分也多归于社会福利或社会救济。

总的来说，这一时期，“养老服务”的概念没有被明确提出和应用，也没有确立具体的发展规划，而且，服务对象等内容与现如今的范围也有所出入。因而，这个时期尚属养老服务的萌芽阶段。

2. 2000—2005年：养老服务社会福利时期

这段时间，我国的养老服务工作得到政府的高度重视，先后出台了一系列重要文件，发展速度比较快，成效也比较突出。养老服务进入社会福利时期。

（1）2000年，民政部等提出的《关于加快推进社会福利社会化的意见》。该意见明确提出，养老服务范围应该进一步扩大，努力覆盖全体老年人；根据当地的财政情况和老年人的经济状况、身体状况，实行无偿、减免和有偿服务；积极建立以居家为基础、社区为依托、社会福利机构为补充的养老服务体系。同年，中共中央出台了《关于加强老龄工作的决定》。该决定提出，社区在养老服务中具有举足轻重的作用，应该加大对社会管理和服务体系建设的力度，努力推动社区养老服务事业的发展，同时还要积极调动各方优势，实现家庭养老、社区养老、机构养老等各类社会养老服务部门的协同发展。同年，《民政事业发展统计报告》新增了针对老龄工作的专栏，养老服务开始作为独立的一部分从社会福利中分离出来。

（2）2001年，民政部印发《“社区老年福利服务星光计划”实施方案》。该方案提倡通过各种方式建立小型分散、方便实用的社区老年人福利服务设施，要突出实用性、安全性的特点，为老年群体的文化、娱乐活动提供开阔、便捷的活动场地。从此，老年福利设施和活动场所开始成为国民经济发展规划的一个重要组成部分。与此同时，老年人和残疾人的养老问题被平行提出。

（3）2002 年，完成《中国城乡老年人口状况一次性抽样调查》，为日后展开老年人群的健康、收入、生活状况的研究提供了重要的参考和依据。

（4）2003 年，“中国老龄事业统计指标体系”通过中国老龄协会得以论证。从此，《民政事业发展统计报告》开始登统老龄事业发展的相关数据。

（5）2005 年，民政部出台了《关于支持社会力量兴办社会福利机构的意见》。该意见规定，要积极制定相关的优惠政策，通过税费减免等手段支持社会福利事业的发展，并努力推进居家养老服务的改善工作。

总体来讲，2000—2005 年，我国养老服务业得到一定程度的发展，具体表现在：政府开始重视养老服务业的发展，供给主体从单一的政府福利机构逐渐渗透到社会福利部门。同时，这一时期的养老服务还存在一定的局限性，突出表现在：养老服务并未从社会福利体系中分离出来，仍作为其中的一部分；服务对象的覆盖范围有限，未能将广大的有服务需求的老年人纳入其中；服务方式主要是采用无偿或低偿的方式向老年人提供服务；服务内容以保障其基本生活的服务项目为主，很难满足老年人更高层次的需求；在服务效果的考核上，往往更看重养老机构、养老服务设施的数量而不是服务的质量。

3. 2006—2010 年：养老服务进一步发展时期

这一时期，国家继续关注和重视养老服务事业的发展，政策倾斜性明显，会议督导性突出。养老服务步入进一步发展时期。

（1）2006 年，国务院出台了《关于加强和改进社区服务工作的意见》。该意见提倡各级政府根据具体的财政情况、人力情况等适时适度地开展养老服务工作，为退休人员建立休养场所，完善养老服务设施，优化服务体系。同年，全国老龄工作委员会等相关部门联合颁发了《关于加快发展养老服务业的意见》。《关于加快发展养老服务业的意见》具体阐述了养老服务的本质内容。同年，全国老龄办协调各个成员单位编制并颁布了《中国老龄事业发展“十一五”规划》。该规划提出建设以老年服务为主体的综合示范性社区福利服务中心，开展多方式、多门类、多渠道、多层次的居家养老和社区养老服务。

（2）2007 年，民政部出台了《“十一五”社区服务体系发展规划》。此规划对服务对象和服务内容均予以拓展，提出继续健全和完善社区照料的依托功能，并将居家养老作为推进养老服务社会化工作的重心。

（3）2009 年，民政部牵头制定了《机构养老服务基本规范》和《居家养老服务基本规范》，初步形成了“家庭为基础、社区为依托、机构为支撑”的养老服务格局。确定在黑龙江、江苏、湖北、重庆、甘肃五个省市进行试点，启动基本养老服务体系的建设工程。同时，还具体提出了“适度普惠的养老服务”模式，实现了资金保障与服务保障的相互融合。

（4）2010 年，全国养老服务体系建设推进会在北京召开，此次会议的目的是敦促落实中共中央将养老服务放在优先发展地位的政策。会议内容从多个方面巩固了“以居家养老为基础、社区照料为依托、机构养老为支撑”的老年福利服务体系。

总的来讲，2006—2010 年，我国养老服务事业得到进一步发展。其突出贡献表现在：理论上，界定了养老服务的概念和范畴；理念上，初步将养老服务纳入社会管理与社会工作范畴；体系上，形成了“以居家养老为基础、社区服务为依托、机构养老为补充”的比较健全的养老服务体系；观念上，形成了养老服务业是一种产业，而且是现代服务业重要组成部分的一致思想。同时，这一阶段仍然存在一些不足之处，具体表现在：第一，关于机构养老的作用，说法还不统一；第二，居家养老的基础作用没有真正发挥，突出表现在老年人的日常照料、精神慰藉、康复护理、紧急救助等方面的基本需求未能得到有效满足；第三，社区服务的依托能力薄弱，突出表现在社区服务站、日间照料中心规模较小，服务设施的品种和数量难以满足需求等。

4. 2011 年及以后：养老服务规范化发展时期

这一时期，养老服务体系进一步健全，服务内容进一步细化，服务层次进一步提升。养老服务工作被纳入社会管理和社会工作，并由法律法规保障实施。从此，养老服务进入规范化发展时期。

（1）2011 年，国务院印发《中国老龄事业发展“十二五”规划》。该规划具有诸多的开创性：首次提出建设“以居家为基础、社区为依托、机构为支撑”的养老服务体系；首次提出社区管理的服务对象要容纳八成以上的退休人士；首次出现将养老服务和社会养老保障放在平等的地位上，被同时纳入老龄事业发展建设体系。同年，我国出台了《老年养护院建设标准》和《社区老年日间照料中心建设标准》，公共设施规划项目开始将社会福利设施尤其是老年人服务设施纳入统一规划，但某些具体的规划细则仍然采用数十年前的规定，如《城市居住区规划设计规范》等，很显然，这已无法满足当前老年人的实际需求。同年，国务院颁布并印发了《养老服务体系建设规划（2011—2015年）》。《养老服务体系建设规划（2011—2015 年）》明确指出养老服务要以整个老年群体为服务对象，以老年人的实际需求为出发点，以提供高质量、高效率、多层次的服务为目标。《养老服务体系建设规划（2011—2015 年）》首次明确提出不仅要关注老年人的基本养老需求，还要关注老年群体更高层次的发展需求，这是关于养老服务体系建设的重大进步。

（2）2012 年，国务院颁发《国家基本公共服务体系“十二五”规划》。《国家基本公共服务体系“十二五”规划》明确指出，尽管养老服务和养老保险共同归属于公共服务，但这是两项独立的内容。同年，国务院又颁布了《服务业发展“十二五”规划》。《服务业发展“十二五”规划》提出，要将养老服务作为生活性服务业的一个重点来规划、建设和发展。

（3）2013 年，正式实施的《中华人民共和国老年人权益保障法》使老年人的合法权益有了明确的法律保障，确立了养老服务的发展地位。对低收入老人、残障老人和高龄老人更是分别给予了贫困补贴、护理补贴和高龄补贴等；强调在服务设施建设方面要充分考虑老年人的身心特点，满足老年人的实际需要；强调要努力丰富居家养老形式，健全完善社区养老服务。

（4）2014 年，国土资源部颁布了《养老服务设施用地指导意见》。《养老服务设施用地指导意见》的出台标志着养老服务设施用地政策终于突破了顶层设计，是养老服务设施用地的改革性大事。《养老服务设施用地指导意见》提出，对于非营利性养老服务机构的设施用地，可以采用划拨的方式供给；对于营利性组织的养老服务设施用地，应当采用出让或租赁等有偿形式供给。

（5）2015 年，国务院颁发了《关于推进医疗卫生与养老服务相结合的指导意见》。《关于推进医疗卫生与养老服务相结合的指导意见》明确了医疗卫生与养老服务相结合的重要性，提出“保障基本、统筹发展；政府引导，市场驱动；深化改革、创新机制”的基本原则；确立了近五年的发展目标，即到 2017 年建成一批兼具医疗卫生和养老服务能力的养老机构，到 2020 年形成“覆盖城乡、规模适宜、功能合理、综合连续的医养结合”服务网络。

（6）2016 年，国务院颁布《关于全面放开养老服务市场提升养老服务质量的若干意见》，《关于全面放开养老服务市场提升养老服务质量的若干意见》强调其发展目标是：到 2020 年实现养老服务市场的全面开放，大幅提升养老服务和产品的有效供给能力，初步建立起信用体系，有效运行市场监督管理机制，显著提升群众服务满意度，将养老服务业转化为推动经济社会发展的新动能。

（7）2017 年，国务院颁发《“十三五”国家老龄事业发展和养老体系建设规划》。《“十三五”国家老龄事业发展和养老体系建设规划》从宏观方面为“十三五”期间养老服务业的发展指明了方向。“十三五”期间的工作任务是：努力健全养老保障体系、健康支持体系，繁荣老年消费市场，推进老年宜居环境建设，丰富老年人精神文化生活，提高老年人社会参与度，保障老年人合法权益。

（8）2019年，《国务院办公厅关于推进养老服务发展的意见》提出，确保到2022年在保障人人享有基本养老服务的基础上，有效满足老年人多样化、多层次养老服务需求，使老年人及其子女获得感、幸福感、安全感显著提高。

（9）2020年，《国务院办公厅关于建立健全养老服务综合监管制度促进养老服务高质量发展的意见》提出，要明确监管重点、落实监管责任、创新监管方式、加强保障和落实等。

（10）2021年，国务院颁发《“十四五”国家老龄事业发展和养老体系建设规划》。《“十四五”国家老龄事业发展和养老体系建设规划》的发展目标是：积极应对人口老龄化国家战略的制度框架基本建立，老龄事业和产业有效协同、高质量发展，居家社区机构相协调、医养康养相结合的养老服务体系和健康支撑体系加快健全，全社会积极应对人口老龄化格局初步形成，老年人获得感、幸福感、安全感显著提升。

（11）2023年，中共中央办公厅、国务院办公厅印发的《关于推进基本养老服务体系建设的意见》，明确了推进基本养老服务体系建设的五项重点工作，即制定落实基本养老服务清单、建立精准服务主动响应机制、完善基本养老服务保障机制、提高基本养老服务供给能力、提升基本养老服务便利化可及化水平，部署并推动我国基本养老服务体系建设迈出新步伐。

总的来说，随着老龄化问题的凸显，国家积极出台相关政策予以应对。从宏观层面看，养老服务体系形成了“以居家为基础、社区为依托、机构为支撑”的养老服务新格局。相关部门出台了专门的法律法规，从立法和制度层面保障养老服务工作的开展，进而提升了养老服务工作的社会地位，标志着我国的养老服务工作进入规范化发展的新时期。

二、多元供给主体

在养老服务多元供给主体中，不同主体的优势各不相同，分别肩负着不同的职责，这些主体通过互动合作共同提供养老产品与服务。养老服务多元供给主体包括政府、公益性社会组织、营利性组织、家庭以及社区，这些不同的供给主体在具体供给标准上差异较大。

（一）政府

政府在养老服务多元供给主体中居于主导地位，肩负着养老服务供给的首要职责。政府可以运用财政、税收、法律以及行政手段等，集中社会资源来为养老服务提供资金保障，从而确保养老服务供给目标的实现，这是公益性社会组织和营利性组织所不具备的优势。

在政府供给养老服务时，养老服务已成为社会性的福利服务。政府在考虑养老服务需求时，应考虑两方面的内容，即基础性需求和改善性需求。其中，基础性需求包括一般老年人的日常生活服务需求和孤寡困难老年人的保障性需求；改善性需求主要是指老年群体提升养老服务质量的需求。从产品收益的角度来划分，社会产品可以划分为公共性、准公共性以及私人属性三种类型。其中，公共产品具有非竞争和非排他的特征，是供社会公众消费的产品；准公共产品在收益方面具有竞争的特征，在消费方面具有非排他的特征；私人产品在收益方面具有竞争的特征，也具有排他的特征。政府在提供养老服务时，在消费方面，养老服务作为福利性支出具有非排他性，在收益方面受制于政府财力，在总的养老服务供给有效的情况下，一部分老年人享用的养老服务多，就意味着另一部分老年人享用的养老服务少，呈现竞争性的特征。政府出资提供的养老服务，在消费方面呈现非排他的特征，在收益方面呈现竞争性的特征，因而可以被界定为准公共物品。政府通过提供养老服务可有效提升老年群体的整体生活质量。

（二）公益性社会组织

公益性社会组织是养老服务的重要供给主体之一。社会组织通过一定的方式将志同道合的志愿者组织起来，形成不以营利为追求目标，将公益事业作为关注重点的社会团体。这些团体有自身的运作机制，并独立于政府和营利性机构发挥作用。社会组织包含公益性社会组织和互助性社会组织。其中，公益性社会组织主要面向社会公众，并向社会公众供给基础性的公共服务。该组织处于政府与营利性组织之间的位置，具有公益、非政府以及非营利等特征。互益性社会组织主要面向组织内成员，并向这些成员提供相应服务。公益性社会组织以道德原则为指引，主动承担起一系列社会责任，在提供基础性社会服务、促进社会公平、构建和谐社会方面发挥越来越重要的作用。莱斯特·M. 萨拉蒙（2008）指出，在养老服务供给主体中，公益性社会组织灵活性高、规模小，可以有效地减少财政支出，并且可最大限度地满足广大老年群体多样化的服务需求①。

综上，公益性社会组织可以定义为不以营利为目标，以为社会公众供给基础性养老服务为目标诉求的社会组织，提供的养老服务包括生活护理、精神慰藉等。在现阶段，我国公益性社会组织又可以进一步细分为公益性社会团体和公益性民办非企业组织。

（三）营利性组织

营利性组织以商品和服务为媒介，遵循等价交换原则，以收益为目标诉求。在市场经济中，市场调节在资源配置中起基础性作用，通过竞争机制来激发人的生产活动积极性。营利性组织以利润最大化为生产经营活动的目标，通过提供商业性养老产品与服务来获取收益。

营利性组织以客户需求为导向提供养老服务，市场反应灵敏度高，

---

①　莱斯特·M. 萨拉蒙. 公共服务中的伙伴——现代福利国家中政府与非营利组织的关系[M]. 田凯，译. 北京：商务印书馆，2008：116－117.

能够较快地发掘老年人服务需求，并且根据养老服务市场的变化不断调整养老产品与服务供给内容。随着社会的进步和经济的发展，养老服务需求日益多元化和差异化，营利性组织在养老服务供给中的地位日益凸显。营利性组织发挥积极作用，可最大限度地满足老年人的养老服务需求。营利性组织市场化程度较高，在提供养老服务时，会根据服务对象的经济基础、偏好来提供价位适宜的产品和服务，从而有助于实现资源的优化配置，提升养老服务的供给效率。与此同时，营利性组织也可获得进一步发展和提升。

（四）社区

社区是一个相对亲密群体的共同生活区域，主要由人口、地域以及相应的约束规范构成。在社会生活中，社区肩负着多重职能，即为社区成员社会化创造条件、整合社会资源、服务社区成员需求等。在养老服务供给中，社区养老肩负着重要职责，社区养老将社区作为载体，从生活护理、精神慰藉、娱乐保健等方面来满足老年人的养老服务需求。因此，社区养老可以界定为政府支持、社会广泛参与、市场化运作，以居家养老为基础，并依托于社区的养老服务模式①。社区养老具有突出的优势。首先，社区养老能够极大地满足那些年老体弱、行动不便的老人的需求，使这些老人足不出户就能享用丰富、贴心的养老服务。对于一些有特殊需求的老人，社区养老也能够提供具有针对性和专业性的服务。其次，社区养老覆盖范围广、包括的人员多，也是社区养老服务的一大特点，为社区老年人享用养老服务资源提供了便利。最后，社区养老的家庭投入费用少，一般家庭都可以接受。

（五）家庭

家庭是基于血缘关系组建起来的基础单元，家庭成员分别承担着各

---

① 张俊波．济南市社会组织参与社区养老服务调查研究［D］．电子科技大学，2012.

自的职责，共同为家庭的正常生活、运作贡献力量，从而确保各成员可以从家庭获取可靠的精神和物质支持。在养老服务体系中，家庭养老是其中必不可少的重要组成部分。家庭可以从生活护理、经济给予和文化娱乐等方面保障家庭老年成员的养老服务需求，改善老年人生活质量和健康状况。现阶段社会化养老模式的影响力和地位正在逐步提升，家庭养老模式的主体地位正在经受考验。典型例子就是随着我国城市化进程的快速推进，大量农村人口涌向城市，农村原有的家庭养老模式正面临严峻挑战。虽然家庭养老模式面临较大冲击和挑战，但是受我国传统文化的影响，在相当长的一段时间内，家庭养老仍将在养老服务供给中扮演重要的角色。

需要提及的是，本书主要以政府、公益性社会组织和市场三大养老服务供给主体为研究对象，探讨三者之间的互动合作关系，社区和家庭暂且不作为重点研究。私营组织或营利组织作为市场的重要主体，又是养老服务的主要提供者，下文中根据行文需要会以私营组织或营利组织代指市场。

三、互动合作

（一）互动合作的内涵

互动，是指人与人之间、群体与群体之间为了共同目标，依靠一定的手段而彼此配合、一起行动的行为过程。互动行为的发生依赖特定的前提条件，即需要两个人或两个群体以上的主体才能发生，是不同行为主体之间为了共同的目标而开展的行动。互动根据具体内容分为互助、合作等多种形式。处于养老服务多元供给主体中的政府、公益性社会组织以及营利性组织三者之间的合作关系就是一种典型的互动关系。政府、公益性社会组织以及营利性组织三者之间的互动关系是在一定的经济条件下形成的特殊合作关系，三者之间的有效互动有利于公共利益最大化目标的实现和养老服务供给效率的提升；如果三者不能很好地互动合作，就会影响养老产品与服务的有效供给。

合作是不同的个体、群体之间为了共同的目标而互帮互助、彼此配合的行为方式，是互动关系中的重要形式之一。在养老服务多元供给主体体系中，政府与非政府组织之间的合作能起到双赢的效果：从政府的角度分析，通过与非政府组织开展互动合作，政府可以更好地落实政府目标和政策，有利于社会的和谐和稳定；从非政府组织的角度分析，通过与政府开展深入合作，非政府组织可以通过政府手中所掌握的公共资源实现自身的不断发展。

养老服务多元供给主体的互动合作，是一种建立在互利共赢、彼此信任的基础上的新型合作关系。各主体为了实现共同目标而各司其职，通过共同努力来实现养老服务供给效率的提升。在养老服务多元供给主体中，作为供给主体的政府、公益性社会组织、营利性组织有一致的行为目标。当然，三者有各自的优势和劣势，只有在养老服务实践中不断地磨合才能真正构建起有效的互动合作模式，最终实现养老服务供给质量和效率的提升。

（二）互动合作的种类

通过分析相关学者对互动合作的研究，我们发现了一个共识，即有效的互动合作对效率的提升具有重要意义，其中，互动合作类别又是学者们关注的焦点。其实，产品和服务的供给方式存在多种形式，如政府供给、政府购买、特许经营、公益性社会组织供给、营利性社会组织供给等，这些不同的供给形式往往会根据社会现实状况综合运用，形成不同的互动合作模式。作为养老服务供给主体的政府、第三部门、营利性组织、社区和家庭等，在养老服务供给体系中各有优势和不足，应根据社会发展的实际需要，适时适度地调整合作方式和内容，努力构建起多主体积极参与的互利合作机制。在养老服务多元供给主体中，政府拥有税收、法律、行政手段、动员能力以及掌握社会资源等方面的优势，第三部门拥有服务面和覆盖面广泛等优势，营利性组织具有市场灵敏性高、产品多样、服务品质好等方面的优势，上述三方的合作可以产生优势互补、互利共赢的效果。

在养老服务具体实践中，可以将多元供给主体的合作关系归纳为以下几个种类，即认同合作型、博弈合作型、代理合作型。以下我们将逐次分析。

1. 认同合作型

在养老服务多元供给主体合作体系中，各参与主体在共同利益的基础上构建了彼此认同的关系，通过沟通和交流不断增强行动的一致性，最终营造出一个互利并存、互利共赢的良好局面。在构建认同合作机制后，养老服务的供给效率与质量大幅提升，其整体效果要好于多个供给主体分别供给的加总。不同参与主体之间的认同合作越深入、越紧密，所形成的合作效果就越好①。认同合作的供给体系是在政府、公益性社会组织和营利性社会组织的多次沟通、交流中逐渐建立起来的，高效的协同合作体系将能充分发挥不同供给主体的作用。反之，如果供给主体之间不能实现很好的认同，就会降低养老服务供给的质量和效率。在认同合作型的供给关系中，各参与主体是平等互利的关系而不是主从关系，各参与主体通过彼此认同来加深合作。在养老服务认同合作的互动关系中，通过构建有效的激励约束机制来明确参与方的权利和义务，以实现各参与方的有效互动和合作。

2. 博弈合作型

博弈合作以整体利益最大化为目标，是集体理性的重要体现。随着社会经济的发展，老年人养老服务需求日益多元化，要保障养老服务供给的质量和效率，应加强团队协作，为多元供给主体营造一种良好的社会氛围。在养老服务多元供给主体中，各参与主体之间的合作以博弈型为重要方式。在合作过程中，各参与主体在自身目标诉求的驱动下要求

---

① 孙燕．养老服务社会化：政府、社区、社会组织三方合作的实践模式［J］．学会，2010（12）：7－10.

最大限度地保障收益目标，从而展开多轮博弈和妥协，最终达到一种均衡状态。多元供给主体在动态博弈中实现均衡的过程，就是各自找准定位，在养老服务供给中发挥最优化作用的过程。在博弈合作型养老服务关系中，政府居于主导地位，通过协调各参与主体的权利与义务，最大限度地促使各方形成共识，从而实现有效分工合作。在具体合作过程中，为完成既定目标，明确各参与主体的分工和职责，核算不同项目的投入与产出，实行养老服务项目主体负责制。

博弈合作型养老服务供给关系的构建涉及权利和利益的分配，因而这种类型真正建立起来需要一系列基础性条件：

一是健全激励机制。在养老服务多元供给主体中，构建健全的激励机制有利于调动参与主体的积极性，增强彼此的合作意愿，最终完成既定目标，促进社会公众利益的最大化。因此，在构建养老服务多元供给主体互动合作的过程中，政府应设计出长效激励机制，通过搭建合作平台营造适宜的氛围和环境来不断夯实参与主体的合作基础。

二是注重发挥博弈的作用。养老服务多元供给主体之间要构建稳固的、持续的合作基础、形成良好的互动合作关系，需要各参与主体之间的多次博弈和协调，最终才能形成各方都能接受的权益分配方案。

三是自愿合作。在养老服务多元供给主体中，政府、公益性社会组织和营利性组织是主要参与主体，三方通过平等协商、自愿合作的方式来协商养老服务合作的方式和内容等，协商合作过程是参与主体充分结合自身利益的自愿行为。

四是投入最小化。多元供给主体合作是一种互动合作，整体合作成本应小于三者单独提供养老服务供给的成本之和，这样有利于提高养老服务资源的使用效率。

五是产出最大化。在养老服务多元供给主体中，各参与的目标诉求存在差异，如政府追求公共利益最大化、营利性组织追求利润最大化。要实现多元供给主体的良性互动合作，需要夯实参与主体实现利益诉求的合作基础，这有利于构建持久稳固的合作关系[①]。此外，在合作过程中，还应有完善的信息披露机制和监督约束机制，这有利于保障所有参与主体的利益。

3. 代理合作型

在养老服务多元供给主体中，存在多种代理合作关系，如代理民众行使国家权力的政府与公益性社会组织、营利性组织形成的代理合作关系，这种代理合作关系是养老服务供给体系中的重要形式。在养老服务实践中，政府根据老年群体对养老服务的特定需求，有针对性地选择合作机构并形成代理合作关系。图 2 - 2 展示了信息不对称条件的代理合作关系。在这组代理关系中，社会公众作为原始委托人，委托政府提供养老服务，政府与公益性社会组织、营利性组织形成合作供给的模式。其中，政府的目标是增加养老服务供给内容、提升养老服务质量，公益性社会组织的目标是最大限度地满足社会需求，营利性组织追求的是利润最大化。尽管各参与主体在目标诉求上差异很大，但服务对象都是老年群体，因而政府可以通过设立有效的激励约束机制来调动各参与方的积极性，从而使各参与主体实现自我价值和社会价值的统一。

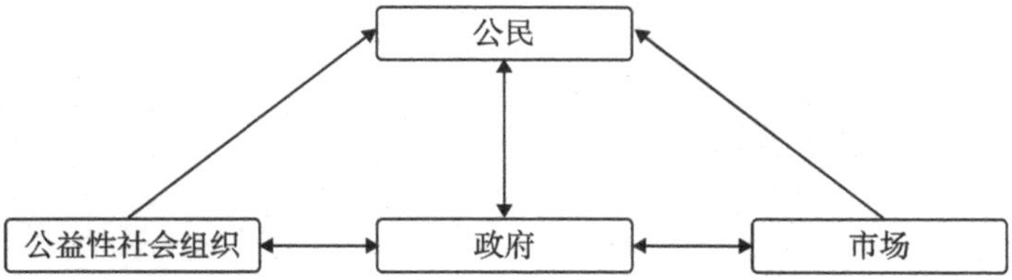

图 2 - 2　公共服务合作供给多元化主体委托代理关系

资料来源：作者自行绘制。

从政府的角度来分析，社会公众利益最大化的目标要求对代理合作主体进行筛选，并进行相应制度安排，通过一系列制度设计将符合标准的代理合作方纳入合作机制，并在进一步的深入合作中实现互利共赢。

① 周宁. 构建政府主导下的社会化养老服务体系研究——以南京市鼓楼区为例 [J]. 中国民政，2012 (2)：32 - 33.

政府在与其他组织合作供给养老服务时，应健全激励机制，并与这些组织形成有效的代理合作关系。构建稳定高效的代理合作关系，可采取以下措施：政府加大对养老服务供给的激励力度，鼓励、引导、扶持其他组织参与养老服务供给；加强监管，防范、避免潜在问题。在提供养老服务时，各参与主体在不同类型项目中所起的作用是不同的，与之相对应，产出和收益也会有所差异。代理合作关系使各参与主体的分工协作更加合理，养老服务供给的质量和效率也得到提升。需要注意的是，在代理合作关系中存在信息不匹配的情况，此时掌握信息多的一方可能会采取利己行为而损害另一方的利益，从而影响养老服务的供给效果，进而导致养老服务供给和需求的失衡。为解决这一问题，在代理合作关系中应构建健全的信息披露机制和完善的监督机制，通过制度设计来预防参与方的道德风险，促使各参与方为实现既定目标而积极贡献力量，最终保障养老服务供给目标的实现。

第二节　养老服务多元供给主体互动合作的文献探究

一、国内相关研究

（一）养老服务需求研究

关于老年群体的养老服务需求，国内学者大多认为随着老年人口的不断攀升以及社会经济的发展进步，老年群体的各类需求也逐渐丰富起来，因而供给服务应从养老需求出发来为老年人提供养老商品和服务。随着国力的增强和国民收入水平的提升，老年群体养老服务需求的种类、数量和层次都在发生变化，已经从原有的基础性保障需求发展到精神慰藉、自我实现、高端医疗护理等内容。穆光宗（2000）指出，可以将老年人养老服务需求分为生存型、发展型、自我实现型等需求类型。其中，生存型需求主要是保障基本生存需要的物质需求，发展型需求主要是通过学习不断提升自身综合素质的需求，自我实现型需求主要是指老年人自我价值的实现需求①。王琼（2016）分析城市老年人口的养老需求时发现，城市老人对上门看病的需求最高，其次是法律援助、老年人服务热线、康复治疗和上门护理，而帮助日常购物、陪同看病和聊天解闷的需求相对较低②。吉鹏、李放（2020）在将农村老年人养老服务需求类型划分为生活照料、医疗护理、精神慰藉、文化娱乐和法律援助五大类的基础上，进一步测算了农村市场化居家养老服务的需求程度③。景晓芬（2020）从迁移老人与城市非迁移老人的社会性养老服务需求对比的角度，分析描述了迁移老人和非迁移老人在上门护理、上门看病、康复治疗、老年饭桌（送餐）、陪同看病、购物协助、聊天解闷、服务热线以及法律援助九项养老服务方面的需求差异④。

（二）养老服务供给主体的地位和作用研究

关于养老服务的多元供给主体，国内学者从多个角度进行了探究，指出供给主体主要包括政府、公益性社会组织、营利性组织等，不同的供给主体在养老服务供给中发挥的作用有明显差异，可以将相关研究归纳为以下几类。

1. 关于政府在养老服务供给中地位和作用的研究

支持政府在养老服务中发挥主导作用的学者指出，政府应是养老服务的主要供给主体，为养老服务供给营造良好的制度环境，从而最大限

① 穆光宗．中国“老龄产业”发展的市场潜力和战略取向［J］．市场与人口分析，2000（4）：63－68.

② 王琼．城市社区居家养老服务需求及其影响因素——基于全国性的城市老年人口调查数据［J］．人口研究 2016（1）：98－112.

③ 吉鹏，李放．农村老年人市场化居家养老服务的需求意愿及其影响因素分析——基于江苏省的实证数据［J］．兰州学刊，2020（11）：198－208.

④ 景晓芬．迁移老人城市社会性养老服务需求及影响因素研究——基于与城市非迁移老人的对比［J］．兰州学刊，2020（11）：185－197.

度地保障养老服务供给，提升老年人生活质量。其中，一些学者对政府在养老服务供给中的地位和作用进行了更为深入的探讨：周湘莲（2011）强调，在养老服务供给体系中，政府承担重要责任，这既是执政为民的体现，也是政府必须承担的职能。因为养老服务供给的正外部效应比较显著，所以在多元供给主体中政府统领全局的地位不容动摇①。易艳阳、周沛（2019）从元治理的视阈出发，指出政府作为“元治理者”，应成为养老服务供给的核心与主导，承担完善制度设计，优化财政支持，强调统筹监督多重责任②。夏玲（2020）强调，政府在养老服务市场化运行中扮演着独特的角色，发挥着重要的职能，尤其应强化政府的养老服务规制职能③。

反对政府在养老服务中发挥主导作用的学者们指出，随着我国老龄化时期的快速来临，老龄群体养老服务需求的内容和数量都将显著扩大，这将给国家财政造成较大的压力，因而应将养老服务社会供给方式作为首选。

还有一部分学者认为，在养老服务供给过程中，要充分发挥政府的作用，但政府职责应有所侧重和转变。丁元竹（2006）指出，在养老服务供给体系中，政府应将工作重点放在完善制度、健全机制等方面，从宏观层面制定涉及养老服务的规划决策，并对养老服务供给行为进行监管。此时政府的角色是主导但不是事必躬亲，政府应让利于民、便利于民，通过营造良好的环境、创新供给方式等途径，鼓励、引导与扶持其他主体参与养老服务供给④。任杨等（2022）指出，社区居家养老服务作为应对我国社会转型和人口老龄化而兴起的一种新型养老模式，在

---

① 周湘莲．居家养老服务中的政府责任［J］．学海，2011（6）：96－100．

② 易艳阳，周沛．元治理视阈下养老服务供给中的政府责任研究［J］．兰州学刊，2019（4）：184－193．

③ 夏艳玲．“放管服”改革背景下我国养老服务规制研究［J］．经济体制改革，2020（4）：27－32．

④ 丁元竹．我国现阶段基本社会保障均等化初步评估［J］．国家行政学院学报，2009（6）：64－69．

其发展过程中，政府在决策部署、发展格局、资源配置和理念融合四个维度上更应发挥并持续发挥不可替代的作用①。

2. 关于公益性社会组织在养老服务供给中地位和作用的研究

随着实践和认识的不断深入，广大学者普遍认为，公益性社会组织是养老服务的重要供给主体之一，在养老服务供给中的地位和作用不容忽视。其中，潘鸿雁（2009）指出，公益性社会组织在养老服务供给的广度和深度方面具有显著优势，可以为养老服务供给提供有力的保障。公益性社会组织应在构建和谐社区、服务社区居民、补充政府养老服务与管理不足等方面发挥积极的作用，从而全面提升老年人养老服务的质量和效率②。潘鸿雁（2010）进一步指出，鉴于公益性社会组织在养老服务中的重要作用，政府应制定政策努力助推这些组织的发展，以有效弥补政府和营利性组织在养老服务供给过程中的不足，从而保障老年群体养老服务的基础性需求、优化养老服务资源配置③。赵向红等（2018）指出，公益性社会组织可以有效整合各类信息和资源，我们应当努力引导公益性社会组织积极提供养老服务，最大限度地满足广大老年群体基本服务需求，着力提高养老服务的水平和质量④。赵一红、聂倩（2022）指出，目前我国养老服务供给结构呈现出协调性欠佳等问题，培育和发展公益性社会组织有利于构建完善的社会化养老服务体系⑤。

3. 关于营利性组织在养老服务供给中地位和作用的研究

随着人口结构的转变及老龄化趋势的加剧，越来越多的学者发现，

---

① 任杨，朱宇，关博文．社区居家养老服务中的政府作用［J］．学习与探索，2022（9）：16－26.

② 潘鸿雁．公共服务社会化：政府、社会组织、社区三方合作研究［J］．理论文萃，2009（5）：35.

③ 潘鸿雁．公共服务社会化的三方合作研究——以上海市徐汇区养老服务社会化为例［J］．中共中央党校学报，2010（1）：95－98.

④ 赵向红，王宏民，杨韵辉．城市互助养老社会组织发育与能力建设研究——以无锡市“夕阳红之家”为例［J］．贵州社会科学，2018（9）：99－103.

⑤ 赵一红，聂倩．供需与结构：中国社会养老服务体系建构的逻辑——基于六城市养老机构的实证调查［J］．社会学研究，2022（6）：164－179，229－230.

政府供给养老服务的模式难以满足差异化的需求，要想增加养老服务的有效供给，应考虑引入营利性组织等市场机构，这有利于提升老年群体的养老服务质量[①]。徐金燕（2020）进一步指出，在养老服务供给体系中引入竞争机制，有利于提升养老服务供给效率、降低养老服务相关资金的投入[②]。李兆友等（2022）从反向指出，在引入竞争机制的同时，还应注意到养老服务产业具有投入资金多、回收期长等特征，应采取措施预防非理性竞争可能引起的负面影响[③]。

4. 关于社区在养老服务供给中地位和作用的研究

在养老服务多元供给主体中，社区发挥着不可替代的作用。在养老服务供给实践中，社区既可以弥补政府公共服务供给的缺失，也可以补充市场机制失灵所带来的供需矛盾，社区养老具有成本低、服务范围宽泛、与老年人联系密切等优势。更为重要的是，发展社区养老符合我国国情，可以更好地满足老年人养老服务需求[④]（曾起艳等，2022）。此外，社区养老有利于调动社会最广泛的力量参与养老服务供给，可以针对不同老年群体的养老服务需求来提供产品和服务，这将增加我国养老服务的有效供给[⑤]。陈飞、陈琳（2023）认为，社区养老是对家庭养老的重要补充，社区养老对老年人身体健康和心理健康发挥着积极且重要的影响和作用[⑥]。总体来看，构建完善的养老服务供给体系应注重发挥社区养老的重要作用，这有利于整合宝贵的社区资源，有利于构建全方

---

① 姜玉贞．社区居家养老服务多元供给主体治理困境及其应对［J］．东岳论丛，2017（10）：45－53.

② 徐金燕．政府购买社区养老服务运行绩效影响因素的实证研究——以长沙市为例［J］．湖南社会科学，2020（2）：157－165.

③ 李兆友，赵庚，赵萌．我国智慧养老服务效率存在的问题与改进路径——基于2015—2020年数据的分析［J］．陕西师范大学学报：哲学社会科学版，2022（5）：30－42.

④ 曾起艳，何志鹏，曾寅初．社区养老服务设施对城乡老年人主观福利的影响［J］．人口与发展，2022，28（6）：148－160.

⑤ 李丹，李丽萍．社区医养结合养老服务高质量供给研究［J］．中州学刊，2022（3）：59－66.

⑥ 陈飞，陈琳．健全养老服务体系：社区养老支持与老龄健康［J］．财经研究，2023（2）：49－63.

位、多层次的养老服务供给体系，有利于满足不同群体的养老服务需求。

5. 关于家庭在养老服务供给中地位和作用的研究

受我国传统养老观念的影响以及经济发展水平的影响，在未来一段时期内，家庭养老仍然是养老服务供给不可或缺的重要一环①（徐强、周杨，2019）。但也有学者指出，随着社会主义市场经济的发展以及社会保障体系的逐渐健全，传统的家庭养老观念将发生改变，其他类型的养老服务供给机构将成为供给的主体，如机构养老等②（刘二鹏、张奇林，2018）。总体而言，家庭在养老服务供给中的地位和作用不容忽视，但随着社会的发展进步和老年群体需求的扩大，更多元化的供给主体将发挥积极且重要的作用。

6. 关于个人在养老服务供给中地位和作用的研究

老年群体是弱势群体，应得到更多的关注和照料，但我国仍处于社会主义发展的初级阶段，可以投到养老服务中的财力有限，因而还应注重发挥个人在家庭养老中的作用。虽然政府、公益性社会组织、营利性组织可以向老年群体提供养老产品和服务，但在某些区域受各种条件的限制，老年人可以享受的养老服务有限，此时就需要充分发挥个人在家庭养老中的作用，努力实现老年人的自我独立③（朱浩，2019）。

（三）养老服务多元供给主体的互动合作模式研究

1. 二元化模式："家庭养老＋社区养老"相结合的服务模式研究

随着我国老龄化时期的到来，国家财政在养老服务方面的支出不断增加。同时，受生育率降低等因素的影响，传统的家庭养老模式也难以

---

① 徐强，周杨．脆弱性视角下家庭养老与社会养老的互动机制——基于全国 8 个省份 1371 份调查数据［J］．江西财经大学学报，2019（5）：70－80.

② 刘二鹏，张奇林．代际关系、社会经济地位与老年人机构养老意愿——基于中国老年社会追踪调查（2012）的实证分析［J］．人口与发展，2018（3）：55－64.

③ 朱浩．赋权和自我独立：中国老年社会工作的目标、策略及其政策反思［J］．中国农业大学学报：社会科学版，2019（6）：75－84.

全面承担养老服务的重担，这种状况直接影响着老年人的养老福利水平。为应对上述问题，构建社区养老和家庭养老相结合的模式，即在国家相关法律法规的制度框架内，通过搭建社区平台、整合社区资源、充分发挥家庭养老基础性作用来实现养老服务的有效供给意义重大[①]。穆光宗等（1999）指出，可以将社区养老和家庭养老结合起来，形成新型的居家养老模式[②]。“社区居家养老”这一提法最早出现在2004年的《广州日报》[③]上，此后各学者对社区居家养老的探讨逐渐增多。吴雨浓（2006）指出，社区养老和居家养老各有优势，同时又各有不足，理想的做法是将这两种模式有机地结合起来，以更好地满足老年人多样化、差异化的服务需求[④]。

2. 三元化模式：“居家养老＋社区养老＋机构养老”相结合的服务模式研究

居家养老、社区养老和机构养老相结合的模式，是指以家庭养老为基础支撑，以社区养老为合作平台，以公益性社会组织为重要保障的养老服务合作模式。养老服务体系建设应结合我国国情，走协同化、综合化养老服务的建设之路，将居家养老、社区养老和机构养老结合起来，积极发展多种形式的养老路径，通过多元供给主体的参与和合作满足老年群体的多样化需求[⑤]（穆光宗，2000）。有学者进一步指出，建立和完善以居家为基础、社区为依托、机构为支撑的社会养老服务体系的政策理念是对中国传统“孝道”文化及与其相关联的家庭养老模式的合理借鉴与继承[⑥]（李媛，2022）。

---

① 俞贺楠，王敏，李振．我国社区居家养老模式的出路研究［J］．河南社会科学，2021（1）：202－205.

② 穆光宗，姚远．探索中国特色的综合解决老龄问题的未来之路——“全国家庭养老与社会化养老服务研讨会”纪要［J］．人口与经济，1999（2）58－64.

③ 王俊，穗仁宣．广州拟推行社区居家养老［N］．广州日报，2004－12－16.

④ 吴雨浓，蒋爱群．城镇养老模式及影响因素研究［J］．黑河学刊，2006（1）：118－121.

⑤ 穆光宗．中国传统养老方式的变革和展望［J］．中国人民大学学报，2000，14（5）：39－44.

⑥ 李媛．新时代社区居家养老的伦理构建——再读姚远《中国家庭养老研究》［J］．人口与经济，2022（1）：157－158.

3. 四元化模式："政府养老+非营利机构养老+营利机构（企业）养老+家庭养老"相结合的服务模式研究

我国养老服务模式正处于从传统养老模式向多元供给模式转变的过程中，在传统养老模式中，养老更多地依赖于政府和家庭，而多元供给主体体系更加注重的是发挥不同主体在养老服务供给中的积极作用。在这种模式中，如何合理定位不同参与主体的职责，并充分调动各参与主体尤其是一线社区志愿者的积极性和热情是关键环节。同时，最大限度地发挥营利性组织的作用，主要表现在可以缓解财政压力、弥补家庭养老缺失、满足老年人多层次的养老服务需求以及营造爱老敬老的社会氛围方面[①]（李璐等，2020）。

4. 关于养老服务供给主体发展趋势的研究

人类社会由农业社会进入工业社会之后，传统的依靠家庭养老的模式受到了严重的冲击。随着人们生育观念和养老观念的转变，家庭养老不再占据主流地位，取而代之的是社会化养老，其功能和地位越来越凸显。关于养老服务多元供给主体，国内很多学者倾向于构建多元化的供给主体体系，通过有效的制度规范，提高服务供给的效率和质量。结合国内外的实践经验，养老服务供给的多元化可以实现优势互补，各参与主体的互动合作可最大限度地满足老年人需求，这种协作模式已经显示出强大的生命力。为确保养老服务多元供给主体合作的有效性，需要明确各参与主体的地位、角色和功能，构建起可持续的合作机制。养老服务供给体系的构建是一项烦琐而复杂的工作，我们应处理好政府、公益性社会组织、营利性组织、社区、家庭等参与主体之间的权利和义务分配关系，最终实现各主体积极参与、养老服务供给质量和效率显著提升的目标。

---

① 李璐，赵玉峰，纪竞垚．人口老龄化背景下的老龄事业和产业协同发展研究［J］．宏观经济研究，2020（10）：120－128．

（四）养老服务供给主体互动合作的实践研究

养老服务供给模式将逐步走向社会化、多元化，这已成为学术界的基本共识。在此过程中，不同的养老服务模式会表现出不同的特征，也可能存在不同的发展难题。潘鸿雁（2010）将我国经济中心——上海市作为研究对象，通过分析徐汇区养老服务模式，发现“政府养老＋公益性社会组织养老＋营利性组织养老”的三方协作模式显著改善了养老服务的质量，提升了养老服务的社会化程度[①]。吴淑玲（2008）将青岛市四方区作为研究对象，分析了该区阶梯式养老模式，在此基础上，还探究了城市养老服务供给的问题及对策[②]。梁磊等（2016）将宁波市作为研究对象，分析了江东区社区养老模式中的不同主体供给问题[③]。黄建（2022）指出，社区嵌入式养老作为一种新型的养老模式，较好地解决了养老服务供给单一性与需求多元化之间的客观矛盾，但依然存在角色认知的主观偏差和资源匮乏的客观困境[④]。

总的来看，国内学者对养老服务的研究主要包括以下几个方面：养老服务政策、法规和体制的研究；老年群体服务需求的研究；养老服务方式三大模块的研究；养老服务供给主体的研究，包括社会力量参与服务供给过程中应扮演何种角色，如何更好地引导服务供给；养老服务内容的研究；结构模型的实用性研究。

整体而言，我国学术界对养老服务供给主体的研究仍旧集中在政府、社会、市场以及家庭等宏观领域，也有许多研究者提出了社会化服务供给方式，但对各类供给主体之间的关系很少作出明确而清晰的界

① 潘鸿雁．公共服务社会化的三方合作研究——以上海市徐汇区养老服务社会化为例［J］．中共中央党校学报，2010（1）：95－98．

② 吴淑玲．城市养老服务模式的探索——以青岛市四方区阶梯式养老模式为例［J］．中国城市经济，2008（4）：70－72．

③ 梁磊，郭凤英．基于“时间银行”养老平台模式体系研究及实践［J］．新疆社会科学，2016（3）：133－138．

④ 黄建．整合与赋能：社区嵌入式养老服务模式优化研究［J］．学术界，2022（5）：151－160．

定，如政府、社会、市场及家庭之间如何有效地开展互动合作等，这些问题还有待于进一步深入思考和探讨。针对这一空缺，笔者对我国养老服务的供给主体，主要是养老服务供给主体的定位、角色分配、如何互动合作等问题进行了专门研究。

二、国外相关研究

（一）关于养老服务供给主体的研究

国外关于养老服务供给主体的研究可以分为两个时段：1970 年以前，国外学者研究的养老服务供给主体为政府；1970 年以后，国外学者研究的养老服务供给主体涵盖了政府、公益性社会组织和营利性社会组织。

在国外，大多数养老服务供给体系更加注重发挥市场化机构和社会机构在养老服务供给中的作用，这种特征体现在国外学者的相关研究中，基本可以归纳为三个类别。

1. 养老服务供给中市场机制作用的研究

新自由主义学派坚持自由市场原则，注重发挥公益性社会组织在养老服务中的重要作用，主张政府适度干预。在养老服务供给实践中，新自由主义学派认为有两种方式可以保障养老服务供给：一种方式是政府通过税收补贴市场化机构，以此来提升养老服务的供给效率并降低政府养老服务支出；另一种方式是享受社会福利的群体从国家领取福利补贴，并结合自身需求从市场上购买相关产品和服务。

2. 养老服务供给中社区养老地位和作用的研究

在西方国家，社区养老服务已经经历了半个多世纪的发展，社区护理模式已经非常成熟。社区养老服务有两种方式：一种是老年人在社区内享受医疗保健和生活护理服务①（Shen Y Y，2014）；另一种是由社

① Shen Y. Community building and mental health in mid - life and older life: Evidence from China [J]. Social Science & Medicine, 2014 (1): 209 - 216.

区人员来照看护理老年人[①]（Davitt 等，2016）。近年来，随着社区养老模式的发展和完善，各参与主体肩负的职能也发生了相应的改变。社区、营利性组织、家庭主要承担具体的养老服务供给任务[②]（Monika 等，2015），国家则侧重于从宏观政策上对养老服务给予引导和支持。针对西方福利国家所面临的种种问题，一些学者指出，福利国家所建立的社会福利体系在不同的经济发展阶段发挥着不同的作用：在经济发展初期阶段，由国家集中提供社会福利保障有利于社会稳定，有利于保障社会成员的基本生活。但当经济发展到一定阶段以后，社会成员对社会保障服务有了多元化、高层次的需求，此时原有福利保障模式的供给不断下降，而更贴近社会成员尤其是老年人基本生活的社区照护模式就成为养老的重要选择[③]。

3. 关于养老服务多元供给趋势的研究

受 20 世纪 70 年代石油危机的影响和冲击，西方发达的资本主义国家开始调整社会福利保障政策，从而产生了新右派思想。该学派认为，在社会福利供给体系中，市场化机构的供给效率要高于政府，因而政府应将承担的相关责任转移给经营主体[④]。在这种思潮的影响下，福利国家开始兴起福利多元主义，该主义的核心是养老服务应由政府、公益性社会组织、营利性组织、家庭等多元主体来提供，以改变原有的政府单一供给的模式。福利多元主义倡导重视非政府机构在养老服务供给中的地位和作用，这有利于提升养老服务供给的品质。

在养老服务多元供给主体方面，国外学者开展了相关研究。Frode F. Jacobsen 和 Tone Elin Mekki（2022）将挪威老年社会福利制度作为研

---

① Davitt J K, Madigan E A, Rantz M, et al. Aging in community: Developing a more holistic approach to enhance older adults' well - being [J]. Research in Gerontological Nursing, 2016 (1): 6 - 13.

② Monika, Riedel, Markus, et al. Organization and Supply of Long - term Care Services for the Elderly: A Bird's - eye View of Old and New EU Member States [J]. Social Policy & Administration, 2015 (10): 11 - 20.

③ 林卡．国际经验和中国社会福利体系的发展［J］．浙江社会科学，2011（5）：78 - 80.

④ 易松国．社会福利社会化的理论与实践［M］．北京：中国社会科学出版社，2006：10.

究对象，发现挪威公共部门是老年服务供给的主体，其他组织提供的养老服务只占很小的比例，这种供给模式使挪威的养老服务供给质量和效率明显高于经济合作与发展组织成员的平均水平①。James D. 等（2018）将3000多名信息完整的老年人作为研究对象，重点分析了影响老年人养老服务需求的因素。研究结果显示，健康状况、收入状况、家庭成员状况等都是其显著的影响因素，而且不同的老年人所面临的影响因素所占比重不同，由于老年人的养老服务需求差异性很大，对供给主体提出了更高的期望和要求②。

（二）关于养老服务供给方式的研究

多元化的养老服务供给主体，形成了多样性的服务供给方式，概括起来，国外养老服务供给方式可以分为六类：一是财政补贴类，即由政府提供财政补助以保障社会成员的基础性养老服务需求；二是社区服务类，即以社区为发起人招募各类志愿者，并由志愿者向老年人提供养老服务；三是营利性组织类，即由市场化的组织提供养老服务，消费者可以根据需要来选择产品和服务，但为了保护弱势群体的合法权益，政府必须完善相关法律法规；四是政府购买类，即政府与非政府组织签署合作协议，由政府出资、非政府组织提供社区养老服务的合作模式；五是兑换券类，即老年人凭兑换券可以购买相应面值的养老服务；六是自助养老类，即依靠亲朋好友来实现养老服务供给③。在养老服务供给方式选择方面，Isa 等（2021）指出养老机构有利于老年人及时获取所需的养老服务产品，也有利于提高老年人的生活质量，但不同养老机构的综合服务能力，如工作人员素质、服务水平、服务方式等存在差异，这最

① American health care association. Issues of quality in home - and community - based care [R]. AHCA Health services research and evalution, 2022.

② James D. Reschovsky. The Roles of Medicaid and Economic Factors in the Demand for Nursing Home Care [J]. Health Services Research, 2018. 33 (4): 787 - 813.

③ Ding Y, Zhang Z, Yang M, et al. Design of New Elderly Care Service Acquisition Mode from the Perspective of Internet Economic Innovation [C] . E3S Web of Conferences EDP Sciences, 2021.

终会反映在社会对养老机构的服务评价方面①。

综上所述，西方国家的养老福利供给经历了由政府单一供给向多元供给主体的转变，在社会福利实践中，西方国家更加注重满足老年人的多层次的需求。随着政府在养老服务供给中角色的重新界定，公益性社会组织、营利性组织、社区、家庭等在养老服务供给中的地位逐渐上升。需要指出的是，国外养老服务供给实践时间长，成功的经验和失败的教训都不少，我们应取其精华、去其糟粕，构建起符合我国国情的养老服务多元供给主体体系。

本章主要完成了相关概念的界定和对国内外相关文献的梳理。就养老服务而言，重点剖析了它的含义和发展历程。就多元供给主体而言，本章分别就政府、公益性社会组织、营利性组织、社区和家庭在养老服务中的职能及作用展开分析，并强调提出政府、公益性社会组织和营利性组织是本书重点研究的三大主体对象。就互动合作而言，本章重点分析了互动合作的内涵及三种类型，即认同合作型、博弈合作型和代理合作型。对于文献回顾，本章分别从国内、国外两个维度展开。国内方面，从养老服务需求研究、养老服务供给主体的地位和作用研究、养老服务多元供给主体互动合作模式研究和养老服务供给主体互动合作的实践研究四个方面梳理了文献；国外方面，本章重点从养老服务供给主体的研究和养老服务供给方式的研究两个方面梳理了文献。

① Isa F M, Noor S, Mohammad N M N, et al. Leadership and decision making challenges among elderly care centre operators: case of multi - ethnic Malaysia [J]. Leadership in health services, 2021 (4): 34 - 60.

第三章

养老服务多元供给主体互动合作的理论分析

第一节　福利多元主义理论

一、福利多元主义的概念和内容

福利，指的是当个体的目标诉求得到实现时产生的一种幸福、愉悦的身心状态①。具体来说，就是当事人有机会或可能使自己的追求得以满足，这种追求可以是经济活动的追求，以获得满足生存发展的物质资料，也可以是政治、文化、娱乐等方面的追求，以满足自己的精神需要。此外，国外福利和国内福利也有所区别：国外福利一般是指，为提高国民的生活质量而制定的政策、采取的措施或提供的服务；国内福利一般是向特殊群体提供生存和发展所需的物资或服务，通常被作为社会保障的一个子系统。由此可见，国外福利侧重于保障人的基本生活；国

① 杨伟民．福利社会学［M］．北京：中国人民大学出版社，2013：6.

内福利更多的是对基本生活保障起补充作用。

社会福利这一概念是福利领域使用最为广泛的，对于社会福利概念的诠释，学者们各抒己见、众说纷纭，其中被广泛接受的是米吉里的说法，即社会福利指的是人的一种身心状态，达到这种状态需要满足个体目标诉求得以实现、社会问题有效解决、最大限度地提供社会机会三个前提条件①。一般而言，社会福利可以分解为两个层次，即较低层次的社会福利和较高层次的社会福利。较低层次的社会福利是指该福利不仅要使全体社会成员的基本生存需求得以满足，而且要提供满足其发展需要的各类条件。较高层次的社会福利是指，为实现社会福利状态而作出的努力，主要是制度上的引导和激励②。简单来说，社会福利就是一种制度引导和物质保障，是对全体社会成员生存和发展条件的满足③。

福利多元主义是关于社会福利供给模式的一种主流思想，“参与”和“分权”是福利多元主义的两大核心。就“参与”而言，是指福利提供者和福利享用者共同参与福利制度的制定、福利内容的更替、福利服务的传输等，努力调动福利提供者和享用者的积极性，保障社会福利的供给效率。就“分权”而言，包含纵、横双重内容，纵向分权侧重于减少中央政府的监管权限，增加地方政府在行政管理方面的权限，提升地方政府的自主性和积极性；横向分权强调将地方政府的管理权和监督权适时适度地转移给社区，并将福利提供的职能从公共部门转移给私人部门。

二、福利多元主义的产生及推演

（一）国外福利多元主义的产生及推演

1948 年英国宣布成为福利国家，这是世界上第一个福利型国家。

① James Midgley. Social Welfare in Global Context [M]. Sage Publication, 1997: 5.

② 林闽钢. 现代西方社会福利思想——流派与名家 [M]. 北京：中国劳动社会保障出版社，2012：2.

③ 陈红霞. 社会福利思想 [M]. 北京：社会科学文献出版社，2002：2.

福利型国家诞生以后，西方资本主义国家大都致力于构建完善的社会福利制度。在建立福利型国家的过程中，社会福利供给的主体为政府，社会福利范围基本涵盖了生老病死各个方面。然而，20 世纪 70 年代中期的经济危机使西方福利国家遭受了严重的创伤，这些国家开始重新定位政府在社会福利供给中的角色。在这种背景下，福利多元主义思想逐步发展起来。这一阶段的福利多元主义思想主要侧重以下内容：第一，强调政府部门、非营利组织、营利组织、社区以及家庭等主体都可以成为福利服务的提供者；第二，政府部门应该转变角色，逐渐过渡为福利服务的购买者、福利服务的规范者以及引导其他供给主体提供福利服务的指引者；第三，支持公益性社会组织在福利服务供给中发挥更大作用，强调非营利组织在福利服务中的重要性，包括：①填补政府撤离福利服务形成的空缺，防止营利组织的过分滋生；②非营利组织可以优化社会福利的资源配置，增加社会福利供给量；③实现福利服务持续、稳定、多样化供给，增强民众的幸福感[①]。

1. 国外福利多元主义的产生

资本主义经济和社会的发展状况直接影响福利多元主义的产生，国外福利多元主义产生的整个过程并非一帆风顺，其中经历了多种探索和改进，既有挫折也有成就。整个过程大体经历了三个阶段，具体包括：

（1）福利多元主义的潜伏阶段，福利国家陷入危机。随着资本主义国家发展步入后工业化时期，西方物质生活水平较为发达的国家，如英国、瑞典、澳大利亚等纷纷进行制度革新，采用福利国家模式。这一时期，福利制度以“普遍性”为基本原则，该时期的福利模式被称为“福利国家模式”或“贝弗里奇型社会保障模式”。该时期福利多元主义处于潜伏阶段，“凯恩斯经济学思想”和“贝弗里奇的福利计划”在这一阶段发挥着重要的作用。

凯恩斯经济学思想所发挥的作用主要是从理论方面为福利型国家提

---

① 林闽钢，王章佩．福利多元化视野中的非营利组织［J］．社会研究，2001（4）：103.

供支撑和依据。20 世纪 30 年代西方资本主义国家经济发展缓慢，步入大萧条时期，受经济不景气形势的影响，强调政府干预经济的凯恩斯经济学理论逐渐占据思想理论的主导地位，并逐步取代了以自由放任为突出特征的古典经济学思想。凯恩斯经济学理论强调，生产者和消费者等市场经济主体具有明显的盲目性和不确定性，这就很容易造成供需矛盾，政府具有强有力的宏观调控能力，能够通过调节生产、分配、交换、消费等各个环节，来实现社会总供给与总需求的基本平衡。

贝弗里奇的福利计划所发挥的作用主要是为福利国家提供了福利发展战略。第二次世界大战爆发以后，英国面临一系列严峻的社会经济问题，如政府效率低下、居民生活困难、政府财力不足、疾病蔓延等。为有效解决这些问题，英国政府提出了为国民构建全方位的社会保险体系，涵盖国民的生老病死，并且明确将需要救济的失业人群、孤寡人群等包括在社会保障范围内。

在凯恩斯经济学思想和贝弗里奇福利计划的影响下，西方国家政府将积极预防各类社会矛盾，努力提高全体国民的福利水平作为目标，逐渐形成了覆盖范围广、保障内容全、福利水平高的保险救助体系，政府在社会福利提供方面逐步占据支配性地位。然而，政府垄断社会福利供给，导致政府必须要支付巨额的公共支出，所以其财政陷入负荷过重的境地[①]，国家在社会福利供给过程中往往出现效率低下、低能甚至无效和无能的状况。伴随着世界范围内的经济衰退，福利国家不堪重负，陷入难以自拔的全面危机之中。

（2）福利多元主义的萌生阶段，福利多元主义在激辩中兴起。福利多元主义的萌生是以资本主义国家的两次石油危机为背景的。1973 年，第一次石油危机爆发，其后果导致福利国家的经济明显下滑，财政赤字急剧抬升。此后，不到 10 年的时间，第二次石油危机再度来袭，福利国家遭受严重的创伤，产生了诸如投资动力不足、经济停滞不前、

---

① Norman Johnson. Mixed Economies of Welfare：A Comparative Perspective ［M］. London：Prentice HallEurope，1999.

失业人口激增、贫富差距拉大等一系列问题。在经历了两次石油危机之后，福利世界一片萧条。作为老资格福利国家的英国，失业人口占到总人口的1/5以上，整个国家面临经济、社会、文化、外交等多方面的挑战①。

正是在这样的背景之下，20世纪80年代，经济合作与发展组织召开了关于社会福利的专门会议，对福利国家的声讨从此拉开帷幕。世界各国相关学者对福利国家的批评突出表现在两个方面：一是福利国家的国民对政府福利供给的过分依赖问题；二是因福利政策的扩展导致政府权力的无限扩大。在对福利国家强烈声讨的同时，人们也开始反思一系列更加深刻的问题，如福利制度如何完善才能更好地满足社会的发展需要，应该由谁来承担或提供福利服务，福利服务的内容应该包含哪些，等等。经过激烈的讨论，会议也形成了比较一致的观点，那就是政府、公益性社会组织、社区、家庭在社会福利供给中的责任分配有待调整，现阶段政府承担的责任过多，公益性社会组织、社区、家庭应当承担更多的社会福利供给责任②。

1980年以来，西方国家开始对福利国家模式进行反思，在这种思潮的影响下，福利多元主义开始兴起，并被政府认可和接受，逐渐发展成为古典自由主义、凯恩斯主义以来的又一新型社会福利供给理论范式。

（3）福利多元主义实践与理论的相结合初具规模并不断完善。20世纪80年代之后，福利多元主义的发展进入实践与理论相结合的阶段。从实践方面来讲，西方国家在经历了政府赤字、经济萧条、失业增加、社会动荡的福利危机之后，开始对福利制度的设计和执行进行反思，福利多元主义理论在学者们的反思和争辩中应运而生。福利多元主义强调福利供给多元化，即政府、公益性社会组织、市场部门、社区和家庭等

---

① 周缘园．“福利多元主义”的兴起——福利国家到福利社会的转变［J］．社会观察，2011（6）：61.

② 杨伟民．福利多元主义的兴起及其政策实践福利社会学［M］．北京：中国人民大学出版社，2013：18.

都应该成为福利供给的主体，而且，政府应该适时适度地放松其在福利供给中的操控权。同时，公益性社会组织和市场部门应该积极参与福利供给，发挥自身的优势，实现资源的最优配置，提升服务效率，更大限度地满足国民的发展需要。从理论方面来讲，福利多元主义的概念首先由英国提出，之后罗斯对福利多元主义的概念进行了界定和阐释，他指出，社会福利应该由国家、市场、家庭和雇员来共同承担，只强调政府的责任而忽略了市场、家庭和雇员的作用是不理性的。

后来，社会学者伊瓦斯在本人的学术研究中将社会福利主体分为四类，分别为国家、公益性社会组织、营利性组织、社区（见表 3－1）。伊瓦斯认为，公益性社会组织应在社会福利供给中发挥更重要的作用，公益性社会组织是国家、营利性组织与社区之间的桥梁和纽带，能够有效地整合社会福利资源。

表 3－1　　伊瓦斯福利多元主义四个部门的特征

部门	国家	营利性组织	社区	公益性社会组织
福利生产部门	公共部门	市场	非正式组织/国家	非营利部门
行动协调原则	科层制	竞争	个人责任	志愿性
需方的角色	社会权的公民	消费者	社区成员	市民/协会成员
交换中介	法律	货币	感激/尊敬	参与/交流
中心价值	平等	选择自由	互惠互利	团结
有效标准	安全	福利	个人参与	社会/政治激活
主要缺陷	忽视少数群体需求，自助动机下降，自由选择机会减少	平等性较差、忽视非货币化结果	在道德的约束下，个人自由选择下降，排斥团体外人员	在社会福利产品分配方面，存在着分配不均、专业化程度低、效率不高等问题

资料来源：彭华民，黄叶青．福利多元主义：福利提供从国家到多元部门的转型［J］．南开学报（哲学社会科学版），2006（6）：40－48.

2. 国外福利多元主义的理论推演

西方许多社会学者对福利多元主义都非常关注，不少学者投入了大量的心血进行研究。其中，蒂特姆斯、罗斯、伊瓦斯、约翰逊、吉尔伯特、克雷斯·德·纽伯格等都对福利多元主义理论的发展作出了重要的贡献。

（1）在《福利的社会分工》（1958）中，蒂特姆斯是最早提出福利多元主体供给观点的西方学者。他指出，福利体系主要由社会福利、职业福利、财税福利三种福利组成，这三种福利相互配合，共同供给社会福利，满足社会成员的社会福利需求①。20 世纪 70 年代，英国在《沃尔芬德委员会的报告：志愿组织的未来》第一次运用了福利多元主义的概念②。在这份报告中，英国提出了社会福利供给队伍应该将志愿组织囊括其中，并将福利多元主义应用到社会福利实践中，坚持社会福利供给的多元化。1983 年，哈奇与莫克罗夫特进一步指出，“政府、公益性组织、营利性组织等构成了社会福利供给的主体”③。20 世纪 80 年代，“社会工作培训与研究”会议在欧洲中心召开，此次会议倡导应重视发挥新生社会力量的作用，鼓励、支持社会工作者参与各种互助性组织、志愿性组织。这次会议标志着各界对于社会福利供给多元化的认可。

（2）1986 年美国社会学家罗斯在《相同的目标、不同的角色——国家对福利多元组合的贡献》中提出了“福利多元组合理论”。罗斯指出，社会制度的多重性和复杂性有利于健全社会福利体系，国家与营利性组织、家庭等其他社会主体一样，都是国民社会福利的供给者④。国家、市场和家庭是社会福利体系中的主要供给主体，共同构成了社会福利供给体系，用公式表示它们与社会福利之间的关系：

---

① Richard M. Titmuss. The Social Division of Welfare in Essays on the Welfare State [M]. London: George Allen & Unwin, 1958: 34-43.

② John Wolfenden. The Future of Voluntary Organizations: Report of the Wolfenden Committee [R]. London: Croom Helm, 1978: 9-14.

③ Hatch. S, Mocroft. I. Components of Welfare: Voluntary organizations, social and politicsIn Two Local Authorities [M]. London: Bedford Square services Press/NCVO, 1983: 112.

④ 彭华民. 福利三角：一个社会政策分析的范式 [J]. 社会学研究，2006 (4): 158.

福利总量 = 国家提供的福利 + 市场提供的经济福利 + 家庭生产的福利[①]

罗斯强调在社会福利供给主体中，营利性组织和家庭应该发挥更大的作用，政府供给社会福利的作用应当适度，只有在营利性组织和家庭供给社会福利不足时，才需要发挥国家的重要补充作用。福利多元组合理论是以各供给主体存在缺陷为基本前提的，该理论更注重发挥国家、营利性组织和家庭等供给主体的比较优势，通过多个供给主体的相互作用，共同致力于提升社会福利供给的质量和效率。1993 年，欧尔森对罗斯福利多元组合理论进行了继承和发展，他认为社会福利供给主体可以分为国家、营利性组织与民间社会三部分。其中，民间社会主要由家庭、邻居以及其他志愿性组织组成，民间社会必将成为福利供给的重要主体[②]。

（3）德国经济学家伊瓦斯（Evers）在社会福利理论发展方面有两大贡献：一是继承并发展了罗斯的福利三分法，提出“福利三角”论（welfare triangle，1988）。这一理论重新对社会福利供给主体进行了界定，认为社会福利供给主要由国家、营利性社会组织、家庭等组成。伊瓦斯指出营利性组织在提供社会福利时，坚持自主选择的价值导向，即需求者根据个人需求来选择福利消费的范围和种类；国家以保障公民基本生活和维护社会公平正义为价值导向；家庭坚持共有、互助、团结的价值导向[③]。在对社会福利供给主体进行界定的基础上，伊瓦斯进一步阐释了制度和行动者之间的关系（见表 3 - 2）。二是在对福利思想进行系统梳理的基础上，提出了福利四分模式。在社会福利供给中，民间社会组织发挥的作用越来越大，尤其是在保障弱势群体权益方面。伊瓦斯指出社会福利主要由国家、营利性社会组织、社区、志愿性组织、家

---

① R. Rose. Common Goals but Different Roles: the State's Contribution to the Welfare Mix. in R. Rose, Shiratori. The Welfare State East and West [M]. Oxford: Oxford UniversityPress, 1986: 13.

② Sven E. Olsson, Hans Hansen, Ingemar Eriksson. Social Security in Sweden and other European Countries: Three Essays [M]. Stockholm: Finans - Departmenter, 1993: 162.

③ Adalbert Evers. Shifts in the WelfaSre Mix: Introducing a New Approach for the Study of Transformationin Welfare and Social Policy [C]. Eurosocial Vienna, 1988.

庭、邻里等组成。其中，民间社会组织坚持志愿性原则，通过协调参与者行动来供给社会福利并满足社会成员福利需求，并且承担着国家、营利性组织和社区之间交流纽带的职能，从而有助于维护社会公平正义，推动社会经济发展。

表 3-2　　伊瓦斯的福利三角：组织、价值和关系

福利三角	组织	价值	关系
（市场）经济	正式组织	选择、自主	行动者与（市场）经济的关系
国家	公共组织	平等、保障	行动者与国家的关系
家庭	非正式/私人组合	团结、共有	行动者与社会的关系

资料来源：Adalbert Evers. Shifts in the Welfare Mix：Introducing a New Approach for the Study of Transformation in Welfare and Social Policy. In Evers. A，H. Winters berger. Shifts in the Welfare Mix. 1988.

（4）约翰逊（Johnson N. 1987）延承了伊瓦斯的“福利四分式”，并在自己的著作《转变中的社会福利：福利多元主义的理论与实践》中，系统地阐述了福利多元主义。就福利多元主义的供给主体而言，约翰逊认为，社会福利提供者可以分为直接提供者和间接提供者，主要包括政府部门、非政府部门、商业性组织、志愿性组织。其中，政府部门主要是指各级政府；商业性组织主要是指营利性组织；志愿性组织主要是指公益性社会组织、自助组织、互助组织以及各种中介组织[①]。此外，约翰逊还强调，福利供给主体会因福利项目类别的不同而有所差异。

（5）吉尔伯特赞同约翰逊提出的社会福利来源于公共部门、商业部门、非正式部门和志愿部门四个部门的说法，并将商业部门划入经济市场的范畴，将非正式部门划入社会市场的范畴。此外，他的突出贡献还表现在，对经济市场和社会市场进行了划分。其中，经济市场以生产效率、盈利空间等为依据来分配商品和服务；社会市场则根据福利水

① Neil Gilbert. The Welfare State in Transition：The Theory and Practice of WelfarePluralism [M]. Amherst：University Mas - sachusetts Press，1987：37.

平、保障权限等分配商品与服务。社会福利由经济市场和社会市场共同供给，表明在社会福利供给方面，经济政策和社会发展具有很强的一致性[①]。

（6）荷兰学者克雷斯·德·纽伯格立足于其他学者的研究成果，提出了“福利五边形”理论，通过该理论来分析社会福利供给来源的多元化。他指出，政府、营利性组织、非营利性社会组织、会员组织和家庭共同构成福利的五边形，它们均具有提供福利服务、满足国民生存和发展需要以及减控风险的作用。尽管不同时期、不同地域，五大部门的职能范围有所不同，但其均是福利服务提供主体的重要组成部分[②]。

（二）福利多元主义在我国的发展

西方福利多元主义在经历了萌芽、发展、完善等阶段之后，已经比较成熟，这为我国社会福利供给主体多元化发展提供了重要的参考经验。结合我国当前的具体国情：人口老龄化发展速度快、经济基础相对薄弱、社会政策尚不健全，只依靠政府的力量来提供养老服务，显然不能满足老年人的发展需求，因而需要社会组织、市场组织、家庭等有机配合，共同发挥作用，并将建设多元化的投资主体、市场化的福利供给运行机制、专业化的社会福利供给队伍作为最终目标[③]。

随着经济的发展和社会的进步，福利事业的健全和完善也受到越来越多的关注。然而，我国并没有像西方国家那样出现“福利多元化”的概念。2000年，民政部结合我国的实际情况，在全国社会福利社会化工作会议上提出了“社会福利社会化”这一具有中国特色的概念。“社会福利社会化”与西方国家的“福利多元化”是相互对应的。同年，民政部以及其他相关部委共同颁布了《关于加快实现社会福利社

① Neil Gilbert. Welfare pluralism and social policy. James Midgley, Michelle Livermore [M]. Handbook of Social Policy. Thousand Oaks, CA：Sage Publications，2000：97－99.

② 杨伟民．福利社会学［M］．北京：中国人民大学出版社，2013：17.

③ 黄丽娟．人口老龄化背景下养老服务体系研究——以常州市为例［D］．上海：上海交通大学，2010.

会化的意见》，该意见就促进社会福利社会化提出了一系列要求，即社会福利社会化是在政府的引导和资助下，鼓励和支持社会力量投身到社会福利事业中来，通过兴办福利场所、增置福利设施，致力于为全社会成员提供多种服务形式，通过专业性、抵偿性的多种福利供给方式来满足社会成员多层次的福利性需求。

福利多元主义强调社会福利应具有多元化的供给主体，政府仅是这些主体当中的一类，市场、非营利组织和志愿者组织等都应该承担相应的责任，并成为社会福利的重要供给主体。随着我国社会保障体制的不断完善，国家、市场、非营利组织、社区和家庭等社会福利供给主体应该如何行使自己的职能，它们之间又需要怎样的配合，是我们需要进一步关注和思考的问题。

第二节　福利多元主义与养老服务多元供给

一、养老服务的多元化需求

探讨养老服务的多元化需求问题，不得不提及著名的马斯洛需求层次理论。该理论认为人的需求包含生理、安全、社交、尊重以及自我实现五个层次的需求（见图3－1）。其中，第一阶段的“生理需求”和第二阶段的“安全需求”属于物质需求层次，是人类需求的低级层次和初级阶段；第三阶段的“社交需求”属于物质需求向精神需求、低级需求向高级需求的过渡层次；第四阶段的“尊重需求”和第五层次的“自我实现”是精神需求发展的高级阶段。当低层次的需求得以满足后，人们才会追求更高一级的需求，需求的层级之间具有明显的递进关系和实现程序。

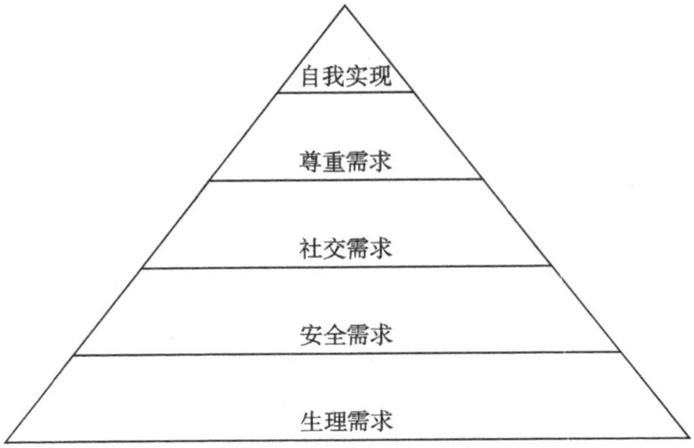

图 3－1　马斯洛需求理论的五个层次

资料来源：作者根据马斯洛理论内容绘制而成。

老年人同样具有多层次的需求，根据马斯洛需求层次理论，老年人需求同样包含生理需求、安全需求、社交需求、尊重需求、自我实现需求五个层次。

第一层级，“生理需求”。该层次的需求是老年人的基础性保障需求，涵盖了衣、食等物质需求，满足这些需求后才可以保障老年人基本生活，维持老年人生命。

第二层级，“安全需求”。老年人的安全需求主要包括生活照顾和心理慰藉。生活照顾，是指老年人随着年龄的增长，新陈代谢的降低，生理机能的老化，生活和行动难以独立完成，因而需要他人帮助实现的状态。老年人生活照顾的内容非常宽泛，主要包括饮食服务、居室清洁、医疗护理、代办服务等。对于失能和半失能老人，生活照顾需要显得更为突出。心理慰藉，是指他人通过聊天、谈心等方式，帮助老年人排解孤、寂、困、苦等负面情绪，以及解决某些心理问题的过程。老年人作为弱势群体，极易受到各种伤害，加之心理脆弱，很难走出困境，因而非常需要得到心理慰藉方面的照护。

第三层级，“社交需求”。人们在退离工作岗位之后，由社会走向家庭，角色的转变很容易导致他们心理失衡，加之老年人闲暇时间充裕，无疑会加剧这种消极心理。老年人渴望重新得到社会的接纳，希望通过参加社会活动加强与邻里、亲友的密切交往，从而获得信息、服务、情感等社会支持，满足其社会交往需要。

第四层级，“尊重需求”。一般来说，人们步入老年后受身体状况和情绪的影响，很多事情会显得力不从心，较之前参与的社会活动有所减少，时常会产生孤独感、失落感和焦虑感。这一时期，他们对于家人、亲友和社会对自己的态度更加敏感，更加渴望得到周围人的尊重和认可。尊老敬老的态度不仅是个人素质的体现，更是一种社会责任，因为它有着深刻的社会意义——有利于帮助老年人形成愉快平和的心态，帮助他们树立积极乐观的生活态度，这是其他物质产品无法给予的。

第五层级，“自我实现需求”。这是老年人最高层次的需求，是对人生价值的追崇。很多老年人尽管已经退离了工作岗位，但仍然希望能够发挥自身余热，多为社会作出贡献。他们通过到老年大学深造、寻找新的就业岗位、积极参与社会公益事业等来充实和完善自己，实现自己的价值和人生追求。

对于老年人的需求，学者们普遍认为，老年人具有多样性和多层次性的需求特点，而且随着经济的繁荣和社会保障体制的完善，老年人已经从一般的物质生活需求，逐渐上升到心理、情感等更高层次的精神需求，对精神生活的追求已经成为当代老年人生活的重要组成部分。目前，老年人的生活照顾需求已基本能够得到满足，但是社会为老年人的心理、情感等层面的服务提供得较少，难以满足老年人的需要①。为了更好地满足老年人生存和发展的需要，社会必须构建一套完善的养老服务体系。这一体系必须坚持以人为本，以满足老年人需求为出发点②，它必然是多方面内容的有机整合，不仅包含进一步改善老年人的物质生

① 平付敏，张文娴，安静．河北省城镇居家养老支持性服务体系研究［J］．河北学刊，2012（4）：241－243．

② 乔晓春．基于需求的养老服务体系建设——思路，框架与实证分析［J］．华中科技大学学报：社会科学版，2022，36（3）：113－122．

活条件，还要涉及老年人生活照顾、老年人的和谐人际关系的构建以及老年人情感和精神慰藉等诸多内容①。

近些年，随着我国经济发展速度的加快、国民收入水平的提升以及人们需求的变化，社会原有的福利体系已经难以满足老年群体多元化的养老服务需求。马斯洛需求层次理论为保障老年群体共享经济社会发展成果以及满足多元化的服务需求奠定了理论基础，有助于进一步完善养老服务多元化供给理论和指导养老服务供给实践。

二、养老服务的多元化供给

养老服务体系是社会福利体系的重要组成部分，因而社会福利思想通常会影响养老服务体制的变革。作为新兴的理论范式，福利多元主义的核心思想是社会福利供给由多元化的主体共同完成，这包括共同制定相关规则、共同肩负供给责任、共同实现社会福利供给目标。

养老服务等社会福利应该由政府来提供的观念，很长时期内在人们的思想中占据着主导地位。实践证明，政府提供养老服务的做法并不具有科学性和持久性，很容易造成供不应求或供过于求的状况。一方面，随着老龄化趋势的加剧，公众对养老服务的需求大大提升，然而，养老服务单由政府一个部门来提供，很容易出现服务效率低下，造成供不应求的状况；另一方面，政府预算是养老服务的主要资金来源，在申请部门预算资金时，不同的政府部门在自身利益的驱使下，大都会突出自身在提供养老服务过程中的重要性，很容易造成某些部门提供的服务供给大于需求的状况。

福利多元主义宣扬政府不应该是社会福利的唯一提供者，它强调社会福利服务应由不同的部门共同来提供，这些部门涉及政府部门、营利组织、非营利组织等。福利多元主义认为，应充分发挥营利组织和志愿

① 何娟，刘丽．构建高质量农村养老服务体系［J］．人民周刊，2021（5）：38－39.

性组织在社会福利供给中的作用，这有助于提升社会服务供给质量和效率。福利多元主义特别强调鼓励多个主体共同供给社会福利的重要意义，这既能填补政府供给社会福利服务的不足，也能在一定程度上缓解市场的过度膨胀，还能充分调动各类社会资源达到效益最大化。福利多元主义理论的兴盛，使越来越多的国家将养老服务的改革重点集中于供给主体的多样性上。供给模式主要有两元主体供给模式、三元主体供给模式以及四元主体供给模式等，并且呈现出多元主体互动合作的发展趋势。

三、养老服务多元供给主体的功能定位

养老服务在倡导多元化的发展过程中，如果不能明确各个参与者的职责和范围，没有具体的参与规范，很难实现多主体的有机配合，并取得理想的服务效果。笔者认为，在积极推动养老服务建设、倡导社会福利社会化的过程中，应该首先界定不同供给主体的职责与权限，致力于构建政府发挥主导作用，非营利性组织负责实施，营利性组织发挥补充作用的养老服务供给体系。同时，我们应积极倡导社会养老与自我养老的有机结合，以更好地满足老年人养老服务需求。养老服务多元供给主体的互动与合作是解决人口老龄化背景下养老问题的重要举措，对推动养老服务的发展具有重要意义。

（一）以政府为主导

1. 政府的角色定位

养老服务体系的建设与完善，既满足了老年人的切身需要，又顺应了时代的发展要求。从公共物品属性的角度来分析，养老服务属于非营利性质的准公共物品，这也决定了公益性社会组织和营利性组织都难以单独履行为老年人提供服务的职责。然而，老年人作为弱势群体，不仅需要家庭、社区乃至全社会的关注，更需要国家提供基础性的福利保

障。从西方国家养老服务发展的实践来看，政府在其发展过程中起到了举足轻重的作用。

行使保障功能绝非意味着政府要“一手包办”，而是政府要在养老服务中居主导地位：建立公共财政投入机制，保证对养老服务中财政支持的力度；作为养老服务政策的制定者，制定、推动和保障相关政策、制度的实施，可以为养老服务工作提供一个制度化、规范化的法规体系。严格区分养老服务体系中生产者、监督者和协调者的各类角色，整合社会资源，组织社会各个部门积极参与其中，并对养老服务提供者进行严格的监督和审查，努力实现各个供给主体的高效配合，形成政府主导下社会化、市场化的养老服务体系。

2. 政府的具体职能

在养老服务供给体系中，政府应发挥主导作用，履行资源整合、制度设计、规则制定、资金支持以及监督管理等多种职能。可以看出，在养老服务的供给中，政府更多地处于宏观层面的统筹。其具体的职能包括以下六个。

第一，制定和颁布与养老服务相关的法律法规。与西方发达国家完善的立法保障制度相比，我国与老年人相关的立法工作明显滞后。截至目前，已经出台的法律只有两部，即《老年人权益保障法》和《社会保险法》，远远落后于养老服务的实践和发展。目前，我国尚未形成养老服务方面的立法规范，仅仅发布了一些政策性文件指导各地的养老服务的开展，如《关于加快发展养老服务业的意见》《关于全面推进养老服务工作的意见》等。随着我国老年人口在总人口中的比重不断上升，全社会对老年人的权益保障越来越重视。为有效保障老年人合法权益，我国应尽快完善相关立法，明确养老服务供给各参与主体的权利和义务，引导和支持公益性社会组织的进一步发展，规范营利性组织的运营，从而为维护老年群体的合法权益，促进养老服务供给的多元化提供法律保障。

第二，制定与养老服务相关的政策。作为养老服务政策的制定者，政府应当坚持从经济发展水平和实际需求出发，积极出台相关的政策法规，将成熟、成功的经验制度化、规范化。政府在制定、出台养老服务相关政策方面的职能主要包括四点：一是作为养老服务的生产者和提供者，政府应当从老年的养老服务需求出发，以满足老年人基本养老服务需求为目标，在此基础上，不断增加养老服务供给内容，满足老年人精神、文化、身心发展等多层次的养老服务需求，争取在养老、医疗、娱乐等方面为老年人营造一个良好的外部环境。同时，政府还应针对养老服务供给的标准、流程、内容等制定出严格的标准。二是作为养老服务的购买方，政府应当准备专门的预算资金，通过完善政府购买制度，从流程、内容等方面提升工作的透明度。三是政府应该重视养老服务领域工作人员的能力培养和素质提升，在生活护理、精神慰藉、家政服务等多方面对养老服务人员开展培训，努力培养更多业务熟练的专业性人才；同时注重对工作、服务人员的规范化管理，做到持证上岗、定期考核、及时反馈等。四是，政府应该加强对消费者的审核和管理，受财政支付能力的制约，目前我国无偿和低偿养老服务的供给对象主要包括高龄老人、残障老人和生活困难的贫困老人，要保证这些老年人的切身需求得以满足，必须对申请者的收入水平和身体状况进行严格审核，以防不符合条件的老年人占用服务资源；即使是符合条件的老年人也要定时检查、及时重新划分服务等级，确保养老资源的公平享用。

第三，完善和改进养老服务体系。随着社会经济的发展，老年人的数量、结构及其需求内容等也会有所变化，这就要求养老服务体系要不断发展完善，以更好地满足老年人养老服务需求。在养老服务体系的规划与建设方面，政府承担着重要的责任，应该在了解或掌握服务供给、老年需求等多方面信息内容的基础上，适时更新、调整相应的政策规定，创新和完善相关的管理、服务体制，如借鉴先进国家或地区的养老服务的成功模式，推广提升养老服务水平的新知识，引进先进的医护、照料经验等。

第四，保证养老服务的资金供给。为提高养老服务供给的质量和数量，使更多有服务需求的老年人享受养老补贴，必须保障养老服务的资金来源。在老年福利资金来源方面，财政拨款、慈善捐款和部分收费项目构成了资金来源的主体。政府应该通过行政手段确保资金供应：将当年的养老服务费用纳入财政预算，并与财政增长相统一。此外，还可以大力发展福利彩票事业，借助人民大众的力量募集慈善捐款，将闲置的民间资本集中起来，盘活闲置的社会资源，最大限度地增加养老服务资金供给。

第五，健全养老服务评估和监督机制。在养老服务供给过程中，政府还扮演着服务评估者和监督者的角色，这也是政府的重要职能。从服务评估者的角度来看，政府应完善养老服务需求评估机制，通过评估促使当前养老服务内容更健全、更合理。同时，政府还应该积极引入第三方养老服务质量评估机制，努力将养老服务的评估工作专业化、规范化，进而提升评估结果的真实性和可靠性。从养老服务监督管理者的角度分析，政府应适度监督养老服务供给情况，并通过满意度调查等途径来展开，以此促进养老服务工作的改进。再者，为了解老年人养老服务需求的满意度和满足度，政府应加大相应的评估与反馈力度，如就养老服务质量等方面受理社会公众的投诉和意见。

第六，培育并发展公益性社会组织，鼓励社会资本加入。西方福利国家在养老服务供给方面的经验告诉我们，公益性社会组织是养老服务工作最重要的践行者。因此，政府应该尽可能多地为公益性社会组织的加入提供支持，如通过政府购买、财政预算等方式为非营利性组织提供发展所需要的资金。此外，也不能疏于对公益性社会组织的管理，这需要民政部门等政府组织对其进行规范，提升公益性社会组织发展的专业化、制度化水平。此外，政府还应该鼓励更多的社会资本加入养老服务体系，使提供养老服务的私营组织也能享受到政策的优惠，如采取税费减免、无偿转让房屋使用权等多种方式吸引社会资本的融入。

3. 政府的供给范围

在养老服务供给过程中，政府通常采用服务券等方式向老年人提供养老服务，重点服务的对象是80岁以上的高龄老人、残疾老人以及生活困难的低收入老人。从养老服务供给的内容来分析，政府主要负责供给基础性的养老服务，涵盖基础医疗护理、基本生活照顾以及健康保健服务等内容。

（二）以公益性社会组织为实施主体

1. 公益性社会组织的角色定位

西方发达资本主义国家福利改革的成功经验启示我们：养老服务工作需要多元化的供给主体共同参与，这对服务内容的丰富及服务质量的提高均具有重要意义。在养老服务众多的供给主体中，公益性社会组织的优势最为突出，因为其公益性、社会性的特点更受民众欢迎，所以能更好地贴近民众的生活，更直接、更真实地了解民众的需求。此外，公益性社会组织的参与有利于提升公共政策的有效性和持续性，为政府减轻了工作负担。

从我国养老服务工作取得的成效来看，公益性社会组织是养老服务业的最佳参与者，在服务供给中发挥着举足轻重的作用。公益性社会组织通常采取与政府合作的方式，这不仅能够积极宣传、贯彻政府的政策规章，还能将养老服务中发现的问题积极反馈给相关部门；这不仅架起了政府与老年人之间的桥梁，还有助于推动我国老年福利事业的健康、快速发展。目前，我国很多城市养老服务业都采用了政府购买服务的方式，即政府出资、公益性社会组织等提供服务。这种方式在养老服务供给上取得了很好的成效，并得到了老年人乃至社会的认可。

2. 公益性社会组织的具体职能

公益性社会组织主要包括公益性机构、大型的慈善组织和志愿者协会等，其活动经费主要来自政府拨款和社会捐助，自身不以营利为目的。此外，公益性社会组织还具有与民众的密切程度高、整合社会资源的效率高、提供服务的满意度高等特点。公益性社会组织的特性，决定了自身在养老服务中的具体职能，主要包括以下内容。

第一，开展养老服务工作。以深圳益田社区的福安养老服务中心为例，福田区政府每年将购买养老服务的开支列入年度的财政预算中，福安养老服务中心承担了审核服务对象与内容、培训服务技能、评估服务效果等工作，同时肩负着开展养老服务工作，建设与运营老年服务站等责任。通过履行上述职能，公益性社会组织在充分利用社区资源，完善社区服务体系的情况下，保障了养老服务工作的顺利开展。

第二，开展老年文化娱乐活动。通过前文的分析我们知道，老年人的需求同样具有多元化，不仅包括物质生活的满足，还包括对精神、文化生活的追求。一方面，老年人社会交往的频率比年轻人更低，外出活动也不如年轻人频繁；另一方面，老年人更容易产生孤独、伤感的情绪且不容易排解。因而，老年文化娱乐活动的开展就显得尤为重要。鉴于此，公益性社会组织可以联合其他社会团体，以老年人的兴趣爱好为出发点，以社区为单位，组织成立合唱团、舞蹈团、书友会、棋牌社、书法协会、剑拳协会等社团组织，组织各种文化娱乐活动，愉悦老年人身份，满足老年人身心发展需要。

第三，募集慈善捐款。现如今，依靠政府购买、财政补贴等方式提供的养老服务覆盖范围还比较有限，能够享受免费服务的老年人主要包括残障老人、高龄老人以及经济困难的老人。要想让更多的老年人体验到我国社会福利事业的发展进步，享受更加丰富的养老服务内容，仅仅依靠政府来提供资金支持是远远不够的，公益性社会组织应该凭借自身非营利性的特性，通过开展尊老敬老的爱心宣传活动或通过福利彩票、义演等活动来募集养老服务所需资金。

第四，构建志愿者服务的长效机制。在福利制度比较完善的西方资本主义国家，志愿者已经在长期发展中成长为一支成熟的服务队伍。这支队伍的人员种类丰富，既包括专业的医护人员，也包括经验丰富的养老服务人员，还包括其他相关工作人员。我国公益性社会组织发展的重要方向之一，是将公益性社会组织与志愿者队伍有机结合，将广大的社区专业医护人员与身体健康、热衷于公益事业的中老年人纳入志愿者服务队伍。同时，完善登记注册制度，建立“爱心储备银行”等服务传承机制。具体来说，就是按小时记录志愿者付出的服务时间，待志愿者丧失劳动能力或退出服务市场后，能够获取其他组织或个人供给的相关服务，这有助于构建志愿者服务的长效机制，发展、壮大志愿者服务队伍。

3. 公益性社会组织的供给范围

公益性社会组织通过与政府合作或向政府购买服务的形式，向高龄老人、残障老人和生活窘迫的贫困老人提供无偿服务；向有正常的、基本服务需求的社区老年人提供低偿服务，即仅收取与服务成本相当的基本费用，如日常生活照料服务、家政服务等；向有特殊需求的一般收入阶层的老年人提供适当的有偿服务，如护理服务、医疗陪护等。这样既能维持自身的发展运营，又能推动养老服务业的正常发展。此外，公益性社会组织的供给范围还包括一些无形的精神慰藉、心理疏导等方面的服务内容。

（三）以市场为重要补充

1. 市场的角色定位

从西方资本主义国家养老服务的发展历程来看，养老服务基本都经历了从政府单一供给到多元化主体供给的演变历程。政府作为养老服务的唯一提供主体，不但难以满足老年人多元化的服务需求，而且也容易出现服务效率低下、财政资金紧张等诸多问题。因此，市场机制的引入成为历史发展的必然，市场在此过程中起到了拓展和补充养老服务供给的积极作用。政府可以通过资助、特许经营等途径将政府的部分职能转移给市场，从而建立起政府与市场之间的互动合作关系，更好地促进养老服务业的发展。

在我国日趋严峻的老龄化形势之下，老年群体规模逐渐膨胀，与此同时，养老服务需求的种类和数量也在不断扩大。其中，一些收入水平高或有特殊需求的老年人很难通过政府或公益性社会组织获得自己想要的服务，而市场正好能够满足这部分老年人的需求，进而起到拓展服务市场、完善养老服务体系的作用。

2. 市场的具体职能

市场机制的引入起到了拓展资金来源渠道、优化资源配置、提高服务供给效率的作用，尤其对优化中高收入阶层的服务质量，拓展其服务内容意义重大。市场在推动养老服务市场发展和完善的过程中承担了以下职能。

第一，拓展老年服务市场。公益性社会组织服务内容和服务范围的有限性，与老年人服务需求不断扩大之间形成了突出的矛盾，正是在这种矛盾冲突之下，市场的逐利性特质会促使其加入养老服务行业。养老服务业作为老龄产业的重要组成部分，潜在市场和发展前景都比较广阔。市场中的私营部门和商业机构可以有针对性地提供诸如 24 小时保姆、高级护理等服务项目，也可以采用连锁经营的模式，通过投资兴办老年日托中心和老年娱乐文化场所，构建完善的养老服务市场。

第二，弥补养老服务供给的不足。我国人口老龄化形势日趋严峻，政府的购买能力也比较有限，于是，我国出现了养老服务供给无法满足需求的状况，具体表现为：一方面，老年人口增长速度快、数量庞大，使养老服务需求呈现出多元化特征，原有的养老服务模式已难以满足迅速扩张的老年需要；另一方面，收入水平高、社会地位高和有特殊服务要求的老年人难以通过政府、公益性社会组织等非营利性组织获得自身想要的服务品质。因此，市场的介入能够很好地填补这些老年服务供给的不足，提升养老服务供给数量和效率。

3. 市场的供给范围

市场养老服务的对象主要为中高收入群体，并以有偿服务为主流服务方式，服务内容涵盖生活照护、精神慰藉等。针对老年群体疾病多发的问题，市场可以针对性地提供专业医疗保健和康复护理等有偿医疗护理服务，以满足老年人的此类需求。此外，随着我国人口年龄结构中老年人口的比重越来越大，空巢老人问题也越来越突出，老年人迫切需要通过精神慰藉等服务形式排遣空巢现象带来的孤独和寂寞。鉴于此，市场可以通过供给特殊服务，如心理疏导等，来满足老年人精神文化层面的需求。

第三节　善治理论

一、治理的概念解析

对于治理含义的理解，我们可以借助英文"governance"来诠释：早在14世纪末，"governance"一词率先由英格兰国王亨利四世使用，用以说明上帝赋予了国王的国家统治权。从历史的角度分析，治理是指国王所拥有的至高无上的统治国家的权力。在法语中，"governance"象征着政府对国民的尊敬，并表达出政府渴望建立与国民之间的和谐关系。20世纪末，受经济全球化和社会发展问题的困扰，凯恩斯主义和新保守主义已经无法解决复杂的社会矛盾，基于这样的社会现实，治理的含义得以扩充和更新。1989年，在《南撒哈拉非洲：从危机走向可持续增长》中，联合国第一次提出治理危机[①]。自此以后，"治理"这个概念在国内外学术界得到了广泛应用。经过近20年的发展，"治理"一词作为政府部门处理社会问题的重要方式，被学者们从不同的视角和层面赋予新的含义。

（一）相关组织对治理概念的解析

世界银行把治理与健全的管理规则结合在一起，将治理定义为"运用政治权力来管理国家的事务"[②]。可以看出，这一定义相对来说比

① Glyn Davis, Michael Keating. The Future of Governance [M]. Allen & Unwin, 2000: 38.

② World Bank. Governance and Development [R]. Washington D. C: The World Bank, 1992.

较简单。世界银行强调，为了使公共管理工作开展得更有效、更透明，政府部门有必要建立起完善的标准规范和制度体系，提升政府部门的执政能力。同时，世界银行还强调：非政府组织也是社会活动的重要参与者，国家应鼓励、支持、引导各种公益性社会组织，规范营利性组织发展，重视发挥这些非政府组织在治理中的参与、配合和监督的作用，提升国家的宏观监管绩效，推动社会经济可持续发展[①]。从世界银行的阐释，我们可以看出，治理更加关注政府与其他非政府机构的关系。

1995 年，全球治理委员会发布报告《我们的全球伙伴关系》。该报告指出，治理是政府部门、私人部门以及个人等采取联合行动，处理各种利益冲突，使各方利益得以协调的过程。这一过程既包括有权使全民遵守正式的规章制度，也包括有责任改进非正式制度。根据以上概念界定，治理是一种包括政府机构、私人机构，强调治理主体之间持续互动的方式和过程[②]。

（二）相关学者对治理概念的解析

西方学者对治理概念的理解有所侧重，这种诠释的差异性推动了治理理论的发展。比较有代表性的学者及其观点如下：

美国学者詹姆斯·N. 罗西瑙在《没有政府的治理》一文中指出，治理是指在特定的活动领域范围内有一致的目标诉求和由特定制度规则体系保障的行为模式[③]。与统治概念相比，“治理”一词概念更广，涵盖了政府机制、非政府机制等，其治理效果会反映为经济是否繁荣、社会是否和谐稳定等方面[④]。

---

① ［英］大卫·威廉姆斯，汤姆·杰克逊．治理，世界银行与自由主义理论［J］．政治学研究，1994（42）：15.

② 全球治理委员会．我们的全球伙伴关系［M］．牛津大学出版社，1995：23.

③ ［美］詹姆斯·罗西瑙．没有政府的治理［M］．张胜军等，译．南昌：江西人民出版社，2001：5.

④ Rosrnau. J. Change Complexity and Governance in a Globalizing Space Pierre ［R］. Debating Governance，2000.

英国学者格里·斯托克认为，治理并非简单或单一的行为内容，而是一系列行为的综合。他指出，治理主体涵盖政府机构以及其他社会公共机构；治理强调参与社会活动的组织或成员之间存在权利的相互依存的关系；治理特别强调社会服务职能的发挥并不是政府权力的简单施展，而是政府与国民之间以权力为纽带形成的一种公共关系；治理还表征着在解决经济和社会问题时对政府等参与主体的责任和权限的重新界定[①②]。

英国学者格里·斯托克赞同格里·斯托克对治理的解释，并在此基础上提出，治理并不是简单地依赖政府的权力和威信，而是参与者之间合作互动的过程。

英国学者罗伯特·罗茨（R. Rhodes）指出，治理是一种社会有序运转的状态，是社会管理方式的全面转型。罗伯特·罗茨从不同角度阐释了治理，依次为国家管理活动、公司治理行为、公共管理活动、网络管理、社会管理、善治治理等[③④]。罗伯特·罗茨关于治理含义的诠释，是较以往学者最为全面和深刻的。其中，其提出的善治的治理，具有明显的进步性，强调通过民主授权来构建广泛的、有效的社会公共事务管理体系。

德意志学者韦勒（P. Weller）立足于公共政策结构来研究治理。他指出，治理可以揭示公共政策演变的内在本质，治理的最终目标是建立一个多元主体互动合作的机制，从中可以发现参与主体多元化的变化趋势以及影响[⑤]。

美国学者詹·库伊曼（J. Kooiman）从社会环境变化的角度探讨了治理的概念，他提出，在制度确定的前提下，依靠国家公益性社会组织

---

① ［英］格里·斯托克．作为理论的治理：五个论点［A］．

② 俞可平．治理与善治［C］．北京：社会科学文献出版社，2000：34－35．

③ ［英］罗伯特·罗茨．新的治理［A］．

④ 俞可平．治理与善治［C］．北京：社会科学文献出版社，2000：86－96．

⑤ Jon Pierre. Debating Governance：Authority Steering and democracy［M］．New York：Oxford University Press，2000：72．

和营利性组织的良性互动，及社会资助管理来补充的国家管理的新模式，可以应对动态的、复杂的、多样的社会问题[①]。

在国外学者关于治理概念的阐释中，美国著名公共政策专家莱斯特·萨拉蒙与库伊曼的观点较为相似，他指出，治理是促进社会公平正义、提高公共服务供给效率的有效途径，这是对原有二元结构的突破与创新[②]。

中国学者俞可平，将西方的治理理念引入我国。在著作《治理与善治》一书中，俞可平从政治学的视角出发，指出治理涵盖了公共资源的管理、政治事务的解决方法等，所以，治理属于政治管理的范畴[③]。维持社会秩序所需要的政治权威以及对行政权力的运用，是治理特别关注和重视的内容。

通过以上梳理，我们可以清晰地发现，与原有政府管理理论不同，治理理论呈现出参与主体多元化、管理体系化、合作关系伙伴化等特征。具体来说，在现代社会的公共管理过程中，治理强调多元主体共同参与，除政府外，非政府组织也能够参与到社会事务管理中来；治理是政府与其他非政府组织之间的合作，通过合作网络建立主体之间的联系；治理的运作方式以谈判为主，通过行为者之间持续、有效的交流，增进了解、化解冲突，创造互动与合作的机会，提高社会公共管理中的民主性。由此可知，治理的目标诉求是实现共同利益最大化，更加注重不同组织间以及不同行为主体之间的互动协作关系。

二、善治的属性

治理可以用来解决国家等公共管理的参与主体在调控和协调社会矛

---

① Jon Pierre. Debating Governance. NewYork: Oxford University Press, 2000. Debating Governance: Authority Steering and Democracy [M]. New York: Oxford University Press, 2000: 35.

② Lester M. Salamon. The Tools of Governance: A Guide to the New Governance [M]. New York: Oxford University Press, 2002: 9.

③ 俞可平. 治理与善治 [C]. 北京：社会科学文献出版社，2000：5.

盾过程中产生的问题，然而，治理并不能解决出现的所有问题，而且治理效果也很难保证。针对这种问题，学术界先后提出了有效的治理、最优的治理等概念。在这些理论中，善治理论的影响最大。在英语中，善治可以翻译为良好的治理，是专门针对政府治理失效而提出的概念，其致力于实现公共利益最大化。世界银行将善治界定为一种在具体的公共活动中的有效率的行为，是一种多元化的制度结构；是遵守法规、尊重人权的体现①。

善治是社会各参与主体对社会公共事务的共同治理，这种治理建立在协同合作的基础上，是一种新型的互动合作关系，其具有合法性、法治性、公正性、廉洁性等特征和属性②。这些特征和属性也成为衡量善治程度高低的重要指标。

第一，合法性。以民众对秩序、规则的内心服从为基础，是社会秩序和公共权威被自觉认可和服从的状态。政府等权力部门越能做到依法行政，社会成员就会越认可其权威，该公共部门就越能长久存在，社会善治程度也会相应提高。

第二，法治性。法治是一种进步的治国理念，它不同于先前的人治，法治坚持的是法律面前人人平等的原则。法治对公民和政府均具有约束和保障的作用：对公民而言，规范公民的行为，构建良好的社会秩序，保障公民的公共安全；对政府而言，规范和约束政府行为，依法行使职权，提升公共管理工作的法治化。

第三，责任性。责任性注重权利与义务相统一，即公共管理主体在享有和行使权利时，必须承担与权利相对应的义务。制度设计上要求政府部门等享有公共权力的主体必须承担相应的责任，以确保其对自身行为负责。

第四，透明性。保证政治信息的公开、透明是确保良好治理效果的基础性条件。政府应该尊重公民的政治知情权，并有责任向公众公布相

① World Bank. Governance and Development [R]. Washington D. C: The World Bank, 1992.

② 俞可平. 治理与善治 [M]. 北京：社会科学文献出版社，2004：8.

关的信息内容。政务信息的透明程度越高，善治程度也越高。

第五，回应性。回应性是政府等主体责任的重要体现，这一特性对公共管理主体提出了硬性要求，即针对社会成员的呼声，公共管理主体必须做到迅速反应并加以处理，使民众了解权利主体的处理方式及处理效果，更好地提升民众的满意程度。

第六，参与性。参与性是指政治活动的参与主体通过某些行为方式影响政治活动的过程。实现善治需要调动社会成员参与政治的积极性和热情。参与性是衡量是否实现善治的重要考核指标，客观上要求国家为公民参与政治活动营造良好的外部环境和有利条件。

第七，有效性。有效性要求政府等公共部门做好两方面的工作：一方面要优化管理结构，降低管理成本，提高管理水平；另一方面要积极提高公共部门的效率和效益，提升服务质量和公众的满意度。这两方面工作的落实情况是衡量管理体制健全、合理、高效的重要标准。

第八，公正性。公正性要求公共部门在实现筹资公平、社会发展指标制定公平、社会资源利用公平的基础上无特权、无偏倚地向社会成员提供公共服务，进而实现公共服务的普及公平、享用公平[①]。社会公平是机会均等、权利平等、司法公正的体现，它意味着可以在社会成员之间公平合理地分配权利与义务[②]。

第九，稳定性。稳定性主要表现在政治稳定、交易可以持续开展、公共政策执行效果佳以及国民团结、生活有序等方面。稳定性是机会均等、权利平等、分配合理和司法公正等多方面协调有序的表现，是权利和义务在全体社会成员之间合理分配的一种良好的状态。

第十，廉洁性。廉洁性要求公职人员奉公守法，清正廉洁，这是保障公正性、稳定性和有效性等善治其他属性效果的重要基础。此外，它

---

① 金正一，伏威．论中国特色社会主义服务型政府的基本属性［J］．延边大学学报，2009（2）：79.

② 俞可平．社会公平和善治是建设和谐社会的两大基石［C］．和谐社会：公共性与公共治理——2004 学术前沿论坛论文集．

与政治透明度密切相关，政治透明度越高，越有利于保障公职人员不利用公共权力谋取私利。

三、善治理论的本质：多主体的合作共治

善治作为治理的最佳状态，象征着多主体之间更加充分良好的合作。善治就其本质而言，是权力从国家转回民众的过程，善治是社会进步的重要体现，也是历史发展的必然趋势。

政府、非营利性组织、营利性组织、公民等多元主体在社会公共事务中的协同合作是善治的本质所在，构成了国家与社会之间的新型关系①。这与传统社会管理有明显的不同，传统的社会管理侧重于统治，更多凭借的是国家权力，通过优化资源配置，调节不同社会主体之间的利益关系，以缓解社会矛盾，维护社会和谐稳定。多主体合作共治，强调构建多主体合作互助的治理结构，突破单一主体单独行政的局限，社会组织在参与社会管理的过程中发挥着重要的参与、监督和协调的作用。社会组织与政府合作共治，以共同目标、相互信任和资源共享为前提，将政府和社会组织结合起来形成利益紧密相连的整体，通过系统性、规范性的结构模式实现优势互补，共同推动社会持续、健康、稳定、和谐发展，并致力于促进社会福利供给数量和质量。在治理理念下，国家与社会组织共享社会权利，有助于实现公权和民权的统一，实现最佳的治理效果。

国家和社会的关系问题，不仅是一个具有重要意义的实践问题，也是社会学家一直关注和探讨的政治理论问题。其中，国家与社会的边界问题是国家和社会关系中的重要问题，也是相关学者一直在尝试厘清的问题。根据国家和社会力量的对比，二者的关系模式基本上可以分为四类，具体包括：第一，强社会—弱国家模式。在这种模式下，传统自由

① 俞可平．治理与善治［C］．北京：社会科学文献出版社，2000：8－11.

主义思想占据主导地位，该模式注重发挥社会作用，认为国家仅仅是推动历史发展的重要工具。此外，该思想还认为社会与国家之间存在一种此消彼长的冲突关系，社会对国家的制衡能够避免国家权力的过度膨胀①。第二，弱社会—强国家模式。在这种模式中，现代权威主义得到进一步体现。黑格尔指出，国家权力是最高权力，可以触及社会每一个角度，因而社会自主的实现有赖于国家权力；对社会报以不信任的态度，认为应当将社会置于国家的控制之下。第三，弱社会—弱国家模式。在当今社会，这种模式主要存在一些不发达的政体中。该模式中的社会力量发展不完善，国家的管控能力也比较弱，双方均无法约束和控制对方的发展。第四，强社会—强国家模式。在这种模式中，社会的活动空间较广阔、自主性较强，而国家在干预社会生活时，通常遵循特定准则，并注重与其他非政府组织发展良性互动关系。国家与社会之间是彼此独立又相互依赖、协同合作又彼此制约的关系。

强国家—弱社会的关系和弱国家—强社会的关系同属于零和博弈的范畴。零和博弈的关系中，由于国家和社会相互之间缺乏信任，无法实现有效的沟通并达成一致，一般表现为国家依靠权力来塑造社会形态或者社会通过影响力来改变国家。国家和社会之间的零和博弈注重单一性权威，形成了社会对抗、制衡国家或者国家全面控制社会的状况，形成了统治理念下政府与社会组织的冲突与竞争的关系。美国学者库伊曼曾指出：公共部门和私人部门之间并非简单的彼此替代关系，因为个体行动者缺乏应对复杂形势和多样性问题的信息与知识储备②。苏联解体以来，俄罗斯经历了惨痛的社会福利危机，这也启示我们，国家干预应控制在适度的范围内，国家干预过度或国家干预缺失都会产生严重的负面影响，进而导致社会发展受挫。善治理念之下国家与社会的关系，不属

① ［美］弗兰西斯·福山．信任：社会道德与繁荣的创造［M］．李宛蓉，译．呼和浩特：远方出版社，1998：33.

② Jan Kooiman. Governance and Governability：Using Complexity，Dynamics and Diversity In ModernGovernance［M］. London：sage，1993：4.

于零和博弈的范畴，它是“社会型塑国家”和“国家型塑社会”二者的有机结合，它是一种强社会与强国家模式下合作共治的关系，是民主意识的体现，是社会进步的象征。

总之，善治理论强调，在公共管理领域中，社会应该由传统的客体向现代主体转变，国家与社会在网状管理系统中应形成良性的互动合作关系。在推动善治贯彻落实的过程中，政府必须要摈弃传统“一元”观念的束缚，将社会组织视为实现公共利益最大化的重要载体，这也意味着社会组织是实现善治不可或缺的组成部分。国家与社会组织相互促进、协同合作、互为补充，凸显了二者的正和博弈关系，利益相关者能够积极参与公共管理事务，是实现善治的重要保障。

第四节　善治理论指导下养老服务多元供给主体的互动合作

善治是一项以政府、公益性社会组织、市场等为主体，以互动合作为核心的公共管理领域的发展策略。善治强调多元主体在相互认同和相互支持的基础上，通过协商合作的方式，形成共创共享型的发展模式。善治的目的是为公共管理活动的参与者制定活动规则，并在规则运行的过程中协调不同主体的利益和矛盾，使其形成统一、高效的行为规范。

善治理论指导下的养老服务，强调各供给主体建立良性的互动合作关系。为此，各个主体均应合理定位并努力配合，具体来说：政府应该通过特有权威来整合社会资源，致力于实现社会整体利益最大化；非营利性组织应充分发挥自身在养老服务供给中的优势，提高养老服务供给的数量和质量；市场应该通过对供求状况的把控利用价格机制协调利益分配。养老服务的各个供给主体以互信、互敬、互惠为合作前提，在坚持共同利益目标的前提下，通过交流、谈判等形式，共担风险、共负责任，形成战略性伙伴关系。以善治理论为指导，有利于在政府、营利性组织和非营利性组织之间构建良性互动关系，有利于提高养老服务供给质量和效率，更好地满足老年人生存和发展的需求。

通过对养老服务供给主体之间的关系进行剖析，可以发现，善治理论指导下的政府、公益性社会组织和市场等主体的合作治理模式具有纵横交叉、权力线和行动线交织的特征，其主要体现为政府、非营利性组织和市场等主体之间的沟通协调和互助管理的共治模式（见图 3－2）。因参与养老服务的供给主体的类别不同，合作模式也有所不同，但无论采用哪种合作模式，其模式特征无外乎“互动协商”和“合作共治”两种。

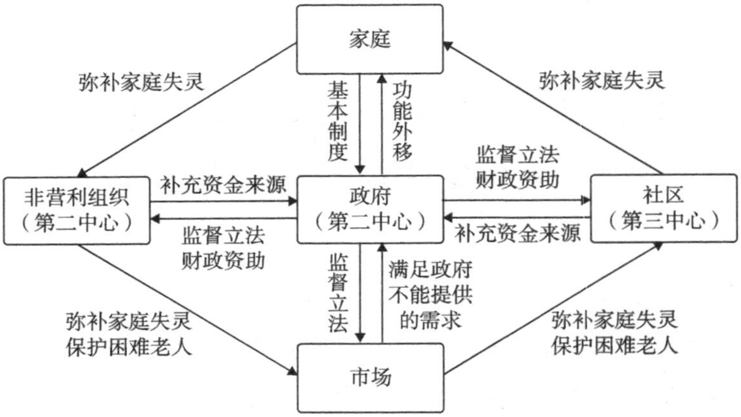

图 3－2　社区养老服务多元供给主体间的关系

资料来源：王涵《社区养老服务多元供给主体的角色定位研究——基于多中心治理的视野》，2014.

一、养老服务多元供给主体互动合作的模式特征

（一）政府、公益性社会组织与市场之间互动协商

善治理论指导下的养老服务提倡多元主体共同参与、共同提供，其中，政府、公益性社会组织与市场等构成养老服务的供给主体。由于这

些主体的定位不同、权限不同、职能不同，就需要在合作中通过协商平衡权益、解决争端、达成共识，这些持续、稳定的互动方式，在合作过程中是不可或缺的。互动协商要求政府、公益性社会组织和市场等养老服务的供给主体，在汇聚各方智慧、资源、力量的前提下，在各方优势资源的提供、交换与整合的过程中，通过战略思考进行角色之间的交流和沟通，致力于社会整体利益最大化。互动协商是实现养老服务资源优化配置的重要途径，多元供给主体的合作，既有正式的互动协商，也有非制度化的沟通协调。因此，互动性协商已经成为多元供给主体合作的一项重要的模式特征。

互动协商依据形式的不同可划分为“制度化协商”与“非制度化协商”两种类型。制度化协商，是参与主体在经过周密的调查、明确的商讨、正式的会谈之后，为确保合作项目的顺利推进，通过签署协议确定各参与主体职责范围，从而为实现资源最优配置提供规范性的保证；非制度化协商采用的方式更为灵活，参与主体可以通过对话、反思、谈判等多种方式开展，在相对宽松、放松、轻松的环境中，以增进理解、达成共识为目标，实现互惠互利的博弈过程。互动协商的模式特征改变了政府原有的权力分配模式，这标志着政府与其他参与组织之间原有的控制与被控制的关系已经逐渐转变为伙伴型的协同互动关系①。

（二）政府、公益性社会组织与市场合作共治

随着时代的发展，社会环境日趋多样化、动态化和复杂化。在这样的背景下，单靠政府难以满足多层次的养老服务需求，需要发挥涵盖政府、非营利性组织、营利性组织等的共同作用，才能较好地解决这一问题。因为当前我国养老服务的治理责任波及公益性社会组织、市场等多个主体，要求政府从公共事务的管理地位向授权、协调、辅助的角色转变。在转型之后，政府应将更多的精力和时间放到规则制定、制度建

① ［美］罗伯特·阿格拉诺夫，迈克尔·麦圭尔．协作性公共管理：地方政府新战略［M］．李玲玲，等，译．北京：北京大学出版社，2007：4.

设、机制创新等方面，以便为公益性社会组织和营利性组织创造一个良好的发展环境。合作共治中，政府扮演着“掌舵”者的角色，承担了确立发展目标和战略任务的职责，公益性社会组织和市场扮演着“划桨”的责任，参与政策和规章的制定，承担实际经营活动并提供相关服务。

政府、公益性社会组织和市场在养老服务合作共治的过程中，可以采用多种方式，包括综合运用社会控制、绩效合同、诱因激励、协商式管理等。合作共治强调坚持“以人为本”的原则，在追求公共服务效率的同时，注重社会公平性。同时，探索引进志愿性服务机制，通过设立相应的利益协调机制和激励约束机制来满足多元化的养老服务需求。总之，合作共治是将政府的宏观规制与公益性社会组织、市场的微观协调相结合，各尽所能、充分发挥其职能，最大化实现政府与公益性社会组织、市场合作供给养老服务的整体效应。

总的来说，互动协商和合作共治是养老服务多元供给主体进行互动合作的最为重要的两项模式特征。善治理论指导下的养老服务，就是在多元供给主体共同参与的情况下，通过互动协商和合作共治实现总体效益的最大化。英国学者格里·斯托克曾指出，单靠政府难以实现公共服务供给最优化的目标，需要政府与非政府组织通过多种沟通、合作渠道建立广泛的公共关系[①②]。

二、养老服务多元供给主体互动合作的原则

（一）以满足老年人的多元化需求为根本原则

庞大的老龄人口数量对养老服务提出了更高层次、更多内容的服务需求，由政府这一单一的主体提供养老服务具有明显的局限性，表现

① ［英］格里·斯托克．作为理论的治理：五个论点［A］．

② 俞可平．治理与善治［C］．北京：社会科学文献出版社，2000：34.

为：第一，政府行政资源有限，人力、物力、财力投入难以满足老年群体庞大的养老服务需求；第二，由于缺乏竞争和监督，政府直接提供养老服务的过程中，容易产生供给效率低下、资源使用率不高，养老服务供需结构失衡等问题；第三，传统的养老服务更多地关注生活照顾等基本的服务需求，在精神服务方面，内容和形式都不丰富，不能有效地满足老年群体自我实现等精神层面的需求。

珍妮特·登哈特和罗伯特·登哈特编著的《新公共服务：服务而不是掌舵》一书提出：公共需求的满足可以通过集体努力和合作得以实现[①]。养老服务需求扩大和需求多元化是政府、公益性社会组织与市场合作的根本动因，政府与公益性社会组织、市场通过结成伙伴关系开展合作，通过跨界协同的整体性行动提升养老服务的质量。养老需求的变化决定了养老服务供给主体的合作方式与合作频次。简单地说，它属于一种需求决定结构供给的变革模式。多元化的养老服务需求决定了在合作过程中，公益性社会组织通常以社会需求为导向开展活动，除了接受和完成政府委托的养老服务项目，公益性社会组织还要开展服务需求调查，把握老年群体的需求变动情况和满足情况，并提前估算成本，根据服务经费的多寡及时调整方案，这些行为都为政府购买养老服务指明了方向，并提供了重要的参考依据。市场具有感知供需平衡状况的高度敏感性，面对养老服务需求的扩大，市场积极加入养老服务的供给队列之中，并通过竞争性的特性高效地配置资源，提高各种资源的使用效率。

因此，老年人服务需求的多样性和多层次性决定了政府、公益性社会组织和市场必须开展互动合作，这不仅可以充分利用社会资源，而且能够提高服务质量。以老年多元化需求为导向，根据老年人不同的年龄阶段、收入层次和健康级别确定不同的服务方式和内容，建立科学合理的养老服务模式，有针对性地开展养老服务，具有重要的意义：有助于

① [美] 珍妮特·V. 登哈特，罗伯特·B. 登哈特. 新公共管服务：服务，而不是掌舵 [M]. 丁煌，译. 北京：中国人民大学出版社，2013：75.

提高服务的供给效率和质量，最大限度地满足老年需求，提升老年人的生活品质和幸福指数，也充分体现了城市养老服务合作供给的善治价值。

（二）以保持供给主体的平等地位为基本原则

政府、公益性社会组织和市场共同构成养老服务的三大供给主体，三大主体各有优势、各有侧重，是实现善治不可或缺的重要组成部分。同时，三大主体之间保持平等互助的关系，又是实现善治的基础。政府能够采用强有力的手段从事公共管理和保护公民的合法权益，这是公益性社会组织和市场无法实现的；市场在经济条件下配置资源的基础性作用是政府和公益性社会组织无法实现的；公益性社会组织能够向老年人提供不计报酬且具有普遍性的养老服务，这是政府与市场无法满足的。可见，政府、公益性社会组织和市场均存在各自的缺陷，通过相互之间的协商和合作，三者可以弥补各自的缺陷，进而实现善治的目标。

多元参与的养老服务离不开多元供给主体，它强调多元主体在平等基础上共同参与和合作。养老服务的多元参与思想既体现了参与的理念，也体现了平等合作的重要性。多元主体应当积极参与养老服务，在自身力量不断成长壮大的情况下，努力将自身放置于与政府平等合作的平台上，在此基础上实现与政府部门的互动合作。在这种平等合作的模式下，参与合作的优势得以充分实现，参与中的互动合作是实现养老服务良性发展的必要条件，同时也是社会服务业不断发展和完善的突出表现。

三、养老服务多元供给主体互动合作的意义

以善治理论为指导开展养老服务多元供给主体的互动合作，是政府、公益性社会组织以及市场组织等主体的有机结合，是各方优势的充分发挥。其意义尤为突出，具体表现为：

（一）在微观层面上，其有利于更好地满足多元化的养老需求

在老龄化日趋严峻的时代背景下，不同年龄阶段、不同身体素质、不同收入阶层的老年人对养老服务的需求是不同的，呈现出多样化和多层次性。就养老服务的供给主体而言，无论是哪一类供给主体，都无法在资源既定的情况下单独实现养老服务优质、高效的供给。养老服务多元供给主体的互动合作首先要将政府、公益性社会组织和私营组织等参与主体放到同一平台上，进而要保证各个主体的地位平等、机会均等。在此基础上，多元供给主体凭借自身的优势以及占有的资源，以需求为导向，会面向不同的老年群体灵活且高效地提供种类丰富、功能各异且更具专业化和人性化的养老服务项目，有效地满足老年人多元化、多层次的服务需求。

（二）在中观层面上，其有利于提高政府等供给主体的服务效率和水平

公益性社会组织和私营组织被引入养老服务的供给领域之后，改变了传统的养老服务单一制的供给模式，政府的角色也开始发生转变，从传统的“生产者”和“提供者”的定位中解脱出来，成为养老服务的“参与者”和“授权者”。多元供给主体在互动合作的过程中，政府通过购买、授权、特许经营等方式按照合同规定对公益性社会组织和私营组织等供给主体进行管理。政府在其中起到了引导、监督和规范的作用。在这样的作用之下，公益性社会组织和私营组织等处于与政府地位平等的环境开展养老服务，有利于它们更加充分地发掘自身的专业优势，整合社会资源，灵活高效地实现服务的供给。多元供给主体之间形成了各尽所能、各司其职，同时又相互配合、相互制衡和相互监督的合作关系，这无疑会大大提升养老服务的效率和水平。

（三）在宏观层面上，其有利于形成多元合作的养老服务供给模式

政府向社会组织购买养老服务，实际上是建立起了政府与公益性社会组织、私营组织之间的伙伴关系。政府具有宏观调控、统筹规划的优势；公益性社会组织可以向老年人提供满足其切身需要的、免费或费用较低的服务项目；私营组织具有敏锐的市场洞察力，能够提供适合高收入人群和特殊人群需要的服务内容，以填补公益性社会组织在养老服务供给内容方面的空缺。

可以看出，养老服务的供给主体各有所长，且有所侧重，强调和推动养老服务多元供给主体的互动合作，有利于充分利用各自的专长，整合各类社会资源，建立完善的养老服务供给模式。

本章着重分析了养老服务多元供给主体互动合作的两大理论，分别是福利多元主义理论和善治理论。在福利多元主义理论部分，笔者重点阐述了它的概念和内容，并强调“分权”与“参与”是其两个核心思想；进而提出福利多元主义理论的产生发展经历的三个阶段；最后列举了西方学者在福利多元主义理论的产生和发展中所作出的贡献。在福利多元主义与养老服务多元供给的论述中，重点以福利多元主义理论分析了养老服务的多元化需求，养老服务的多元供给主体以及从角色定位、具体职能和供给范围三个方面对政府、公益性社会组织和市场三大主体的功能定位。在善治理论部分，笔者首先提出善治是治理理论追求的目标，对治理的概念进行了解析，进而阐述了善治的多重属性，分析了善治理论的本质即多主体合作共治。在善治理论指导下的养老服务多元供给主体的互动合作中，笔者提出互动协商和合作共治是养老服务多元供给主体互动合作的主要模式特征；进而提出以满足老年人的多元化需求为根本原则，以保持供给主体的平等地位为基本原则；最后，从微观、中观和宏观三个层面阐述了养老服务多元供给主体互动合作的意义。

第四章

我国养老服务多元供给主体互动合作的必要性、可行性及现状

截至目前，我国大部分城市结合本地实际，陆续建立了各具特色的养老服务体系。我国养老服务体系的构建，经历了一个由试点到全面推广、由中心城市到外围城市的发展过程，这个过程是不断总结经验教训并逐渐完善的过程。当前，我国养老服务供给实践取得了显著成绩，政府、公益性社会组织、营利性组织在养老服务供给中都发挥了重要作用，随着养老服务体系的进一步发展，各参与主体互动合作关系的广度和深度都将得到进一步拓展。

第一节　养老服务多元供给主体互动合作的必要性

现阶段养老服务多元供给主体互动合作是应对人口老龄化趋势，缓解家庭养老功能减弱，满足老年人多层次养老服务需求的必然选择。养老服务多元供给主体互动合作有极强的现实意义，主要表现为：有利于减少财政支出，缓解财政压力；有利于转变政府职能，合理界定参与主体的职责范围；有利于提高养老服务供给效率，提升养老服务供给的质量和水平。

一、老龄化趋势严峻，老年服务需求扩大

（一）老龄化趋势严峻

人口老龄化，指的是随着社会经济的发展和人们生活水平的提高，一个国家或地区人口年龄结构不断老化的过程。人口老龄化的内涵包括以下内容：老年人口持续增加，老年人口比重持续上升，人口年龄结构不断老化等。国际社会公认的人口老龄化判定标准为60岁以上老年人和65岁以上老年人占总人口的比重分别达到10%和7%以上。表4－1根据不同年龄段将人口划分为年轻型、成年型和老年型，根据这张表格提供的内容，20世纪末我国已逐步进入老龄化社会，进入21世纪以来，我国老龄化趋势特征更加明显。

表4－1　　不同年龄段人口类型划分标准

判断标准	0～14岁人口比例（%）	60岁以上人口比例（%）	65岁以上人口比例（%）
年轻型	>40	<5	<4
成年型	30－40	5－10	4－7
老年型	≤30	≥10	≥7

资料来源：作者根据联合国人口类型划分标准整理而成。

人口老龄化不仅是我国面临的问题，世界上很多国家都面临这一难题，不过老龄化问题在我国表现更为突出和复杂。受我国城镇化的推进和计划生育政策的影响，我国老年人口绝对量和相对比重都在快速上升。在第五次人口普查时，我国60岁以上（含60岁）老年人口占比已超过10%，65岁以上（含65岁）老年人口比重将近7%，从这两个指标分析，我国老龄化社会已经到来。在全国第六次人口普查时，60岁以上（含60岁）老年人口比重超过13%，65岁以上（含65岁）老年人口比重将近9%。两次人口普查的结果显示，我国已经全面进入老龄化社会，人口年龄结构老化特征显现。从表4－2中可以看出，2015年

以来，我国老年人口占总人口中的比重持续上升。人口老龄化给我国带来了一系列问题，养老服务供给问题更是突出。据相关机构测算，我国的人口老龄化高峰将出现在2050年左右，到时老年人口占总人口中的比重将达到26.1%[①]。也就是说，每四个人中就有一个老人。可想而知，届时我国将面临巨大的养老服务供给压力。

表4-2　　60岁以上（含60岁）老年人口数量和比重

指标（年份）	2015	2016	2017	2018	2019	2020	2021	2022
60岁以上人口（万人）	22340	23252	24222	25087	25590	26402	26736	28004
比重（%）	16.1	16.7	17.3	17.9	18.1	18.7	18.9	19.8

资料来源：民政部社会服务发展年度统计公报。

我国老龄化既有发达国家老龄化的一般特征，也具有现阶段的独特性。主要是因为：发达国家进入老龄化社会时社会经济发展水平已经很高，属于富裕之后的老龄化，有足够的经济实力应对人口老龄化；而我国尚处于社会主义初级阶段，经济发展不平衡，人口老龄化给社会经济发展带来了较大压力，属于未富先老型的老龄化。从世界上其他国家所经历的养老服务实践来看，法国、美国、日本分别在19世纪60年代、20世纪40年代和20世纪70年代进入人口老龄化社会。进入人口老龄化社会以后，关于老年人口占比翻番经历的时长，美国和法国分别用了79年和130年，而我国估计30年以内就会出现[②]。

还应该注意的是我国高龄老人的数量不断增加。步入老龄化社会以来，80岁以上高龄老人占总人口中的比重不断上升。从表4-3可以看出，1990年我国80岁及以上老年人口占比仅为0.7%，绝对数量为783.9万人；到2010年时，这一占比翻了一倍，绝对数量达到了

① 彭希哲．老龄化背景下的人口年龄结构［J］．上海交通大学学报：哲学社会科学版，2023（2）：14-24.

② 王涵．社区养老服务多元供给主体的角色定位研究——基于多中心治理的视野［D］．北京：首都经济贸易大学，2014.

1858.2万人；从2010年到2050年，80岁及以上老年人口占比将逐年快速上升，并以每5年增长1000万人的速度增加。

表4－3　　我国80岁及以上高龄人口预测（1990—2050年）

年份	人数（千人）	占比（%）
1990	7839	0.7
1995	8821	0.7
2000	11373	0.9
2005	14766	1.1
2010	18582	1.4
2015	23225	1.7
2020	27386	1.9
2025	31560	2.2
2030	40448	2.8
2035	55999	3.9
2040	65167	4.5
2045	80338	5.7
2050	100551	7.2

资料来源：联合国世界人口发展网。

（二）老年服务需求扩大

改革开放以来，国民经济获得了快速持续发展，人民生活水平不断提高，与之相适应的是，老年人养老服务需求也呈现出差异化和多元化的趋势。我国原有的养老观念从衣、食、住、行到精神层面的愉悦都有所涉及，这种需求是单纯的政府养老或家庭养老难以实现的。

在现阶段，我国养老服务体系首先应保障老年群体的基本生活，要实现这一目标，应做好两方面工作：一方面，提升养老服务供给的数量和质量，提高养老服务体系的覆盖面。养老服务供给的数量直接影响老年人基础性养老服务需求的满足程度，养老服务供给的质量直接影响老年人更高层次需求的满足程度，当二者都存在供给不足时，老年人优质的生活便无从谈起。因此，应充分发挥政府、公益性社会组织、营利性组织、社区等各主体的力量，实现养老服务的多元供给，这是构建高效的、可持续的养老服务体系的重要路径。另一方面，优化配置全社会的养老服务资源，最大限度地增加养老服务产品供给。现阶段，我国养老服务主要包括有偿提供、低偿提供和无偿提供三类，老年人可以根据自身经济实力状况来决定选择哪一种类型的养老服务。在养老服务供给有限的情况下，更应构建高效的养老服务多元供给主体互动合作机制，以实现整体收益最大化的目标。

二、家庭规模缩小，照顾功能减弱

（一）家庭规模缩小

随着城镇化进程的推进和生育率的下降，我国现阶段呈现出家庭规模缩小的趋势，从而减弱了家庭在养老服务中的功能和地位。新中国成立初期，我国家庭成员平均规模为5~6人，而到20世纪末期，家庭成员平均规模缩小至3~4人。从第三次至第七次全国人口普查结果来分析（见表4-4），1980年至2020年，三代户占比稳中略有下降，但一代户占比上升了35%，二代户占比降低了30%。一代户的占比上升与二代户、三代及以上户的占比下降形成鲜明对比，从客观上反映了我国家庭规模的缩小趋势。

表4-4　　中国人口普查家庭结构比例变化

频次	时间	一代户（%）	二代户（%）	三代及以上户（%）
第三次	1982	14	67	19
第四次	1990	13	69	18
第五次	2000	23	59	18
第六次	2010	34	48	18
第七次	2020	49	37	14

资料来源：

（1）《老年人口统计资料汇编》，萧振禹主编，华龄出版社1990年版。

（2）《中国社会统计资料1993》，中国统计出版社1994年版。

（3）《各地区按家庭户类别分的户数》，国家统计局网站。

受我国传统养老观念的影响，自古以来，老年人的养老服务主要由家庭供给，但我国实行的计划生育政策以及人们生育观念转变带来的低生育率问题，使我国人口年龄结构逐渐老化，家庭规模不断缩小，原有的几世同堂局面越来越少见。

（二）照顾功能减弱

我国城镇化的推进和较低的生育率在引起人口年龄结构老化的同时，还导致了严峻的空巢老人问题。空巢老人现象指的是子女由于工作等原因不能陪在这些老人身边，这部分老人常年自己生活，基础性养老服务需求得不到满足的现象。第七次全国人口普查数据显示，我国空巢老人家庭 7819 万个，空巢老人规模约 1.2 亿人，占我国老年人口总规模的 45.1%，有些城市和地区占比甚至高达 70% 以上。

面对严峻的空巢老人问题，仅依靠原有的养老服务模式难以满足这部分老人的需求。解决这一难题的关键是充分整合全社会的养老服务资源，调动政府、公益性社会组织、营利性社会组织以及家庭等供给主体的积极性，实现多元供给主体的互动合作。综上所述，为满足老年人养老服务需求的多层次性和差异性需求，并保证养老服务供给的效率和质量，构建多元供给主体的互动合作机制已经刻不容缓。

三、社会关系动态平衡的内在驱动

随着我国老年人口数量的快速增加，养老服务供给问题已成为一个不容忽视的社会问题，这不仅是老年人养老服务需求的满足问题，更是影响社会全局发展的重大战略问题。构建养老服务供给体系应发挥善治理论的指导作用。在善治社会中，各种矛盾依然是客观存在的，善治社会不是要消除矛盾，而是要通过创造条件实现矛盾的平衡协同，使其达到一种共存共赢、协调统一的状态。

当前，我国社会主义市场经济体制正处于发展完善中，存在一定程度的政府越位、错位、缺位和市场失灵等问题，由此也引发了一些社会问题。在养老服务供给过程中，政府受财力限制，所供给的养老服务有限，而其他市场化的机构正处于发展壮大期，这都会影响养老服务供给的数量和质量。当出现社会养老服务供给不足时，会产生一系列社会问题，影响社会主义和谐社会的构建。为维护社会和谐稳定，解决养老服务供需矛盾已刻不容缓。解决养老服务供给难题需要调动多元主体的参与热情，并在实践中形成多元供给主体互动合作关系，最终构建一种和谐共赢的养老服务供给体系。

第二节 养老服务多元供给主体互动合作的可能性

现阶段我国养老服务供给体系仍处于发展初期，多元化养老服务供给体系存在一定的问题在所难免，但多元化供给已是养老服务的大势所趋。多元供给主体互动合作是必要的，也是可能的，这种模式是一种适合我国国情的新型养老方式，将更好地满足老年群体的养老服务需求。

一、服务型政府助推多元主体参与养老服务

构建高效、可持续的养老服务多元主体供给体系，需要充分发挥政府的主导作用，政府职能边界和作用的大小直接影响养老服务的质量和效率。在发挥政府作用、转变政府职能方面，我们可以借鉴欧美国家在建设服务型政府方面的成功经验。西方国家的服务型政府职责明确，即保障公民的基本生存和发展权益，提供社会公众所需的公共产品与服务。欧美国家服务型政府的改革经验启示我国应加快政府职能转变，政府应重点从宏观政策制定、法律法规完善、市场环境监管等方面下功夫，为多元供给主体营造良好的外部发展环境。进入21世纪以来，我国政府颁布了一系列政策法规来加快政府职能转变的步伐，如国务院颁

布的推动社会福利社会化的建议、民政部制定的养老服务社会化的举措等，这些都加快了多元供给主体互动合作的建设步伐。目前，我国老年群体数量庞大，仅靠政府供给养老服务难以满足老年人的需求，这就需要政府与其他非政府机构合作，通过整合全社会资源、动员全社会力量，鼓励多方积极参与养老服务供给，这样才可能实现较好的养老服务供给效果。

随着我国人口老龄化高峰期的到来，老年群体已成为社会中为数最多的弱势群体，因而解决好这部分人群的保障性需求，是政府的重要使命，有利于促进社会公平正义，维护社会和谐稳定。在养老服务多元供给主体体系中，政府居于主导地位，通过发挥市场机制在资源配置中的基础性作用，并与公益性社会组织、营利性组织等非政府机构展开互动合作，来实现养老资源的优化配置和有效供给。其中，营利性组织追求利润最大化，在这一特性的驱使之下，营利性组织会关注老年人的真实养老服务需求，进而提供有针对性的养老服务产品，这有利于提升养老服务供给效率，更好地满足老年群体多层次的差异化需求。公益性社会组织参与养老服务供给可以改善政府越位、错位、缺位和市场失灵等情况，在增加养老服务资源供给的同时，通过提供低于营利性组织价格的养老服务，来满足不同经济基础尤其是经济条件较差的老年群体的养老服务需求。养老服务多元主体供给体系有利于推动养老服务向专业化方向发展，有利于维护社会的和谐稳定。总的来说，尽管公益性社会组织和营利组织在养老服务供给中各有所长、各有侧重，但都离不开政府的推动作用。

二、公益福利彩票增加养老服务资金支持

随着我国老年人口的快速增加，养老服务需求与供给之间的矛盾越来越突出。为解决养老服务供给不足问题，民政部陆续提出了发展福利彩票公益金、推广养老彩票等措施，以此发挥福利彩票在养老服务资金

支持方面的作用。2009 年，我国正式提出了“养老彩票”这一概念，其操作思路是：从福利基金和彩票奖金中抽出一定比例的资金建立资金账户，以减少国家财政支出。通过明确养老彩票等资金的使用用途，起到防止挪用、确保资金专项专用的作用，有助于营造良好的公众形象。

在养老服务供给主体中，公益性社会组织和营利性组织资金来源和目标诉求差异很大：公益性社会组织不以营利为目的，因而需要政府和其他社会组织的资金投入；营利性组织追求利润最大化，可以通过获取资金回报来维持正常运转。通过对比分析可知，养老服务公益性社会组织的持续发展需要解决资金来源问题，而养老彩票可以起到一定的资金支持和保障作用，有利于推动养老服务多元供给主体互动合作的发展。在养老彩票提供养老服务资金保障方面，吉林省的养老彩票具有一定代表性，从 2006 年开始，养老彩票提供的资金支持在所有养老服务基础设施建设投入中占比已超过 1/5①。

三、信息化构筑养老服务平台

目前，以互联网为代表的信息化服务系统正在我国蓬勃发展，这为搭建多元供给主体互动合作的体系平台奠定了坚实的技术基础，有利于提升养老服务供给的有效性。在构建养老服务多元供给主体体系中，信息化服务正在发挥着越来越重要的作用。在养老服务供给体系中，政府对养老服务对象进行了归类，依据不同的标准，各供给主体可以提供相应的养老服务。在对老年人进行分类的过程中，信息化服务系统会依据老年人基本情况建立电子档案信息库，通过搜集养老服务对象的各类信息，如给老年人提供的养老服务次数、内容、方式以及老年人提出的反馈意见等，逐渐形成内容丰富、针对性强的信息数据库②。养老服务供

---

① 郭艳晖．吉林省社会养老服务体系完善研究［D］．长春：东北师范大学，2013.

② 陈伟良．虚拟养老院——缓解老龄社会压力［A］．信息让生活更美好——江苏省通信行业信息化案例选编［C］．北京：人民邮电出版社，2010：170.

给主体可以从信息数据库出发，结合老年人实际需求，为老人提供量身定制的专业化服务，并构建养老服务供给的执行、反馈与评估机制，从而保证老年人能够得到更优质的养老服务。

在养老服务供给模式中，虚拟养老院是一种新兴模式，这种模式成功地将信息化服务系统与家庭养老紧密地结合了起来。在虚拟养老院模式中，政府通过设立专项基金或财政拨款等方式来购买居家养老服务，通信服务企业负责建设信息化养老服务系统平台，公益性组织负责向老年人提供高质量的居家养老服务，相关政府部门负责协调工作落实，社区服务中心相关工作人员负责养老服务供给的效果评估与服务改进。在虚拟养老院模式中，社区服务中心是养老服务供给的主要载体，社区服务中心通过设立规范的养老服务系统为养老服务人员培训，与其他非营利性养老机构合作，在结合老年人养老服务需求的基础上，有针对性地向老年人提供居家养老服务。通过与信息化养老服务系统的紧密结合，社区居家养老能够进一步优化社会养老服务资源配置，降低运营成本，提升供给效率，进而提高养老服务供给的质量与效率。随着我国人口老龄化高峰的到来，信息化养老服务系统的构建可以为养老服务多元供给主体合作提供平台支撑和技术保障，从而使养老服务多元供给主体互动合作体系成为现实。

四、老龄化产业蓬勃发展

老龄化产业，指的是通过为老年群体提供生活资料、服务类产品进而提升老年人综合生活水平的产业。该产业根据老年人的特定生活需求来制定产业标准，这也是老龄化产业的独特之处。发展老龄化产业有较强的现实意义：一方面，通过供给创造需求，即开发新的养老产品和服务，来激发老年人的潜在需求；另一方面，老龄化产业可以为社会创造更多的就业机会，尤其是可以吸纳一些城镇下岗职工。日本的老龄化产业较发达，我们可以从中总结经验并借鉴：从一百亿日元投资所提供的就业岗位来看，老龄化产业所创造的岗位是基建投资的1.8倍，可见，老龄化产业在满足老年人多层次需求的同时也增加了就业岗位。

老龄化产业的发展既提升了养老服务供给的质量，改善了老年人的生活，也优化了养老资源配置，促进了养老服务市场的发展。在老龄化产业中引入竞争机制，可以充分激发营利性机构的活力和创造力，从而使其为社会创造更丰富、更有针对性的养老服务产品。随着我国老年人口数量的快速增长，老龄化产业正在成为新兴的朝阳产业。因此，积极发展老龄产业，是促进社会和谐、维护社会稳定的重要举措，是转变政府职能、提升政府社会服务效率的客观需要，更是应对人口老龄化的必然要求。

五、国际化养老态势的引领和推动作用

当前西方国家和地区的养老服务供给实践呈现出多元化供给的趋势，即通过整合社会不同供给主体的养老服务资源，可提升养老服务供给质量和效率，以满足老年人不同层次的养老服务需求。20世纪80年代以来，西方发达国家和地区从老年人的实际需求出发，不断调整与完善养老服务政策，既满足了老年人的养老服务需求，也提高了养老服务产品的供给效率。在不同福利类型的国家中，智利的养老服务属于营利性组织供给型，瑞典的养老服务属于政府供给型等，它们都坚持以满足老年人需求为导向的多元主体供给方式。在借鉴西方国家和地区的养老服务供给实践经验的基础上，我国正在从理念和实践上探索社会化的养老服务供给道路。

在福利多元主义思潮的影响下，多元主体供给养老服务的模式在西方国家和地区推广开来，养老服务供给主体从政府逐渐扩展到公益性社会组织、营利性社会组织、社区等，从而形成了政府与非政府组织共同承担起养老服务供给的职责。这种模式也是西方国家和地区应对人口老龄化的重要举措之一。通过养老服务供给主体多元化，各国可以减少财

政支出，增加养老服务供给的内容和形式，政府通过财政补贴、购买等途径加深了与其他养老服务供给主体的互动合作。在养老服务多元主体供给互动合作的过程中，参与主体各司其职、分工协作，在整合养老服务资源的同时，提升了服务供给质量，减少了运营成本。其中，政府肩负着监管、考核、评估等职能，公益性社会组织和营利性组织承担着供给养老服务产品的职能。多元主体供给养老服务的代表性国家和地区主要有美国、日本和我国香港特别行政区。

（一）美国——政府供给与民间福利供给相结合

在养老服务供给方面，美国采用了政府供给与民间福利供给相结合的方式。迄今为止，美国已经实施了80多年的社会福利制度，通过政府与民间机构互动合作的方式，美国较好地满足了老年人养老服务需求。美国养老服务供给主要包括医疗照顾计划、医疗救助计划、老年人活动中心以及社会保险等内容。其中，医疗照顾计划的服务对象为年龄超过65岁的老年人，由该计划支付老年人的住院诊疗费用；医疗援助计划由政府出资并实施，该计划主要是照顾低收入群体的生活，不同年龄段的穷人都可以参加该计划；老年人活动中心属于政府和民间组织合作的福利机构，由政府、公益性社会组织、营利性组织共同为老年人提供养老服务；社会保险属于美国的强制性保险品种，由企业和员工一起购买该保险，员工达到一定年龄后就可以领取养老金。

（二）日本——家庭、社区和营利性组织相结合

在养老服务供给方面，日本采取了家庭、社区和营利性组织相结合的供给模式。在这种模式中，家庭养老处于基础性地位，并辅以社区养老和营利性组织养老，这也反映出养老服务供给的儒家文化特色。具体而言，一是家庭养老是养老服务供给的主体，家庭养老服务以家庭为基本单元，由老年人亲属承担照顾护理职责；二是社区养老服务是家庭养老服务供给的重要补充，即由社区工作人员和志愿者提供照顾护理、老

年保健服务等养老服务；三是市场化的营利性组织是家庭养老服务供给的必要补充，即政府鼓励与支持营利性组织供给养老服务，充分发挥市场机制的作用，以提高养老服务供给的质量和效率。此外，日本还将介护保险应用于养老服务供给，这种保险可以为养老服务质量提供制度保障。因此，日本养老服务供给模式是以家庭为基础，社区与营利性组织为重要补充的多元化养老服务供给形式。

（三）中国香港特别行政区——政府、非政府性机构与营利性机构相结合

在养老服务供给方面，中国香港特别行政区采取了政府、非政府性机构与营利性机构相结合的多元化供给模式。随着香港人口年龄结构的老化，老年人的养老服务需求快速上升，这使原来的养老服务供给日趋紧张。为缓解养老服务供给的紧张状况，香港对原有的各种养老服务资源进行了整合，引入了非政府性机构和营利性机构，并对这些机构进行鼓励、引导和支持，以调动这些机构提供养老服务的积极性。此外，香港积极借鉴国际经验，将投标制度引入养老服务供给中，以保证各参与主体能公开、公平、公正地参与养老服务供给。

第三节 我国多元供给主体互动合作的现状

一、我国多元供给主体互动合作的成就

随着我国人口老龄化高峰的到来，养老服务供给问题引起了社会的广泛关注。要想全面提高养老服务供给的质量和效率，仅靠单一的政府供给难以实现，需要多元供给主体互动合作才能取得理想效果。

为保障老年群体享有基本的养老服务权利，满足老年人多层次的养

老服务需求，党和政府作出了一系列的尝试和努力：如党在第十七届五中全会上提出应积极发展老龄产业和事业，充分发挥家庭养老和社区养老的作用，以有效应对人口老龄化问题。在20世纪90年代制定的《关于加快发展社区服务业的意见》中，我国政府提出应充分发挥社会各主体的力量，通过调动不同参与主体的积极性来推动社区服务业的发展；2005年，民政部又专门发文指导社区建设与发展；在2011年发布的“十二五”规划中，国家提出应引入市场竞争机制，推动养老服务供给主体的多元化，重点培育居家养老服务平台，增加社会养老服务基础设施建设，切实提升社区养老服务供给能力。“十四五”规划在养老服务方面的发展目标为：养老服务供给不断扩大，老年健康支撑体系更加健全，为养老服务多业态创新融合发展，要素保障能力持续增强等。

二、我国多元供给主体互动合作的问题

虽然现阶段我国在养老服务多元主体供给互动合作方面取得了一定的进展，但这种互动合作的深度和广度有限。在养老服务多元供给主体互动合作过程中仍然存在着一些问题，如保障机制不健全、角色定位尚需明确、沟通渠道不顺畅、养老服务资源有待整合等。

（一）各主体角色定位模糊

在养老服务多元供给主体中，各主体的角色定位尚需进一步明确，这突出表现在公益性社会组织上，由于这些组织在政府的主导下开展工作，或者直接由政府公共部门剥离出来，因而政府和公益性社会组织在职能边界、权责关系方面存在交叉地带，这直接影响二者的角色定位和工作开展。在养老服务供给过程中，政府与公益性社会组织之间形成了委托代理关系，政府委托公益性社会组织提供养老服务，但在实践过程中政府过多地干涉了公益性社会组织的工作，使其难以独立地开展工作

并承担相应的责任，这直接影响了养老服务供给的质量和效率①。因此，政府与公益性社会组织角色定位的不清晰导致了二者互相推诿责任，即政府认为公益性社会组织应肩负养老服务供给的相应责任，而公益性社会组织认为政府是养老服务供给的最终责任主体。

（二）沟通交流渠道有待疏通

在现阶段的养老服务供给过程中，政府与非政府组织已经开展了一系列合作并取得了显著成效，然而这种合作的深度和广度非常有限。造成这种局面的一个重要的原因就是沟通渠道不顺畅，进而导致彼此之间缺乏及时有效的交流。如政府对非政府组织了解有限，容易对其能力产生怀疑，从而对非政府组织养老服务供给设置了诸多门槛和标准，这也限制了非政府组织在养老服务供给中发挥更大的作用。目前，我国仅有中国红十字会等数家非政府组织与政府有着畅通的沟通渠道，其他大多数非政府组织仍未与政府建立起有效的沟通，这直接影响了非政府组织的工作效率。

（三）资源的整合能力欠佳

在养老服务多元主体供给体系中，政府、公益性社会组织、营利性社会组织、社区、家庭等主体由于掌握着不同的优势资源，因而需要从人力、物力、财力等多方面予以整合，以便各主体能够依托自身比较优势来最大限度地供给养老服务。在养老服务多元供给主体中，政府居于主导地位，所掌握的资源也最多，因而政府所掌握资源的优化配置程度直接影响了养老服务供给的质量和效率。以养老服务供给所需的资金为例，当前资金供给匮乏是影响养老服务供给的最重要影响因素，限制了养老服务供给的数量和质量，因而亟须整合并优化资金配置。概括而言，政府增加养老服务供给需要资金，公益性社会组织提供养老服务需

---

① 莱斯特·M. 萨拉蒙，王浦劬．政府向社会组织购买公共服务研究：中国与全球经验分析[M]．北京：北京大学出版社，2010：72－73.

要资金支持，营利性组织发展养老服务产业也需要大量资金，但各参与主体在资金供给方面都面临困难和挑战，主要表现为随着人口老龄化趋势的加剧，政府用于养老服务的财政支出难以匹配养老服务供给的资金总量；公益性社会组织不以营利为目的，因而往往面临经费不足问题；营利性组织资金规模较为有限，要想获得进一步发展，经常会面临资金瓶颈。此处需要指出的是，在养老服务多元供给主体体系中，由于政府居于主导地位，非政府组织缺乏资金使用的监督、约束等，很容易产生道德风险和资源浪费等问题。鉴于养老服务各供给主体在自身资源上各有优劣，因而各方应通过密切沟通、互动合作来整合养老资源，以满足老年人多层次的养老服务需求。

（四）合作过程缺乏严密的制度保障

高效运转的养老服务供给体系既包括参与主体的有序运作，也包括拥有独立性较强的监督与评估机制，这都是完善的养老服务供给体系的重要标志和基础性条件。在机制建设方面，全国大部分城市和地区尚未建立起制度化的运作流程，只有部分大城市如上海建立了养老服务监督与评估机制。在养老服务监督与评估过程中，评估员与监督员以社区养老服务工作人员为主，很容易出现工作人员越位、缺位等问题，由于缺乏第三方监督与评估机构的参与，使实际监督与评估效果大打折扣。

综上所述，虽然我国养老服务供给取得了一系列成绩，但多元供给主体在合作过程中仍存在一系列问题。随着我国养老服务供给实践的进一步发展，相信上述问题都将得到很好的解决。

本章主要介绍和分析了我国养老服务多元供给主体互动合作的必要性、可行性及其现状。多元供给主体互动合作的必要性主要包括：老龄化趋势严峻，老年服务需求扩大，家庭规模缩小，照顾功能减弱，以及社会关系动态平衡的内在驱动。多元供给主体互动合作的可能性主要包括：服务型政府助推多元主体参与养老服务，公益福利彩票增加养老服务资金支持，信息化构筑养老服务平台，老龄化产业蓬勃发展以及国际化养老态势的引领和推动。对于我国多元供给主体互动合作的现状，在列举我们取得成就的同时，本章重点指出各主体角色定位模糊，沟通交流渠道有待疏通，资源的整合能力欠佳以及合作过程缺乏严密的制度保障。

第五章

养老服务多元供给主体互动合作的调研案例分析

第一节　调研设计与数据处理

一、调研目的、调研方式与调研对象

（一）调研目的

在对调研地区和社区进行初步了解和筛选之后，有针对性地开展对该区域社区相关负责人和社区内60周岁以上老年人的访谈和问卷调研，其目的在于弄清楚以下问题：

一是政府、公益性社会组织和市场（私营组织）在社区养老服务中的参与情况、作用大小及合作效果；

二是社区老年人养老服务的需求状况及供给满足程度。

（二）调研方式

此次调研采用两种方式相结合的形式展开：一是座谈会形式，即向

负责养老服务的街道、社区的工作人员开展座谈会。座谈会主要是了解城市社区养老服务体系的建设情况，涉及养老服务供给主体、养老服务体系和制度体系、服务监督与保障、硬件设施、服务内容与质量、服务供给影响因素、服务效率及影响因素等。二是问卷形式，即向社区相关负责人和年满60周岁的老年人发放调研问卷，问卷主要涉及社区基本信息、社区养老服务供给情况以及社区养老服务接受情况。此次两种方式的调研均在社区内完成。

（三）调研对象

此次调研在对调研地区和社区进行初步了解和筛选之后，最终确定了我国南部和东部地区的三个社区作为调研目标。这两个区域的老龄化程度比较高，经济水平比较发达，养老服务发展状况也比较好。三个社区分别为深圳益田社区、无锡震泽社区和扬州文昌社区。

此次调研旨在了解养老服务的需求与供给状况，以及政府、公益性社会组织和市场（私营组织）在养老服务中的作用和互动合作情况。调研通过老年人对养老服务满意程度的反馈以及社区负责人对养老服务总体情况的介绍，欲寻求养老服务供给主体的最优合作模式。因而，此次调研主要针对的是三个社区内年满60周岁的老年人以及负责养老服务的街道社区工作人员。

二、调研方案设计

此次调研针对老年人的问卷设计共分为三个部分：第一部分为基本情况，主要涉及被访谈者的性别、年龄、配偶和子女情况、退休金收入、文化程度、退休工作单位属性等内容，其目的是了解被访谈老年人的基本特征；第二部分是生活状况调查，该部分是为了了解现在老年人的生活状况，涉及被访谈者的收入来源、支出构成、健康情况、居住情况、与子女关系、日常活动情况等内容；第三部分是对被访谈者的养老服务需求状况及其供给满意程度的调查，该部分又涉及生活照料需求、医疗救护需求、娱乐健身需求等多个方面。

此次针对社区负责人的调研问卷主要分为三个部分：第一部分为社区基本情况，主要涉及该社区老年人的结构数量，最近一年该社区获取养老服务经费的来源及额度，最近一年该社区用于养老服务的经费支出结构及额度；第二部分为养老服务的供给情况，主要涉及该社区提供养老服务的机构数量及其类别，提供养老服务的项目类别，各项目类别提供的具体服务内容；第三部分为养老服务的享用情况，主要涉及享受养老服务的人员构成及数量，享受养老服务的项目等。

此次调研问卷的设计主要是要了解社区老年人养老服务需求与供给状况以及政府、公益性社会组织和市场（私营组织）在养老服务中的作用和互动合作情况。问卷中的所有问题均为选择题和填空题，一则方便老年人作答，二来便于进行更客观的统计。具体问卷内容参见附录。

三、调研数据处理

调研过程中，调研人员向每个社区60岁以上的老年人发放问卷20份，这个数值的确定是综合考量了一般规模的社区60岁以上老人的数量，能够出行、意识清醒且愿意参与调研的老人比重之后确定的。三个社区共发放调查问卷60份，其中有效问卷共计56份，有效回收率为93.33%，调查结果比较满意。调研之前，笔者均提前与社区负责人进行了联系、安排，社区工作人员对本社区的老年人进行了预先筛选，最终确定了符合要求的老年人。之后社区工作人员按预定时间将老年人召集到社区活动室，人员到齐后由调研人员介绍此次调研的目的、注意事项，并统一由工作人员宣读问卷题目后作答。这样安排的好处在于：首先，能够照顾到那些文化水平低、认读能力弱的老人；其次，解决了调研人员与当地老年人语言沟通上的困难；最后，明显减少了调研人员和工作人员的劳动量。同时，我们还应该看到这种问卷调查也有一定的局限性，即那些行动不方便、无法走出家门的老年人难以参与其中，对于这一问题我们主要通过与社区负责人深入访谈的方式予以弥补。

对于调研数据的处理，我们采用了 SPSS22 软件。先将调研数据输入系统，而后进行数据的处理和分析。因样本数量较少，处理起来相对简单，结果的准确性和可靠性比较高。

第二节 养老服务多元供给主体互动合作的调研案例分析

在养老服务中，多元供给主体互动合作不仅由当前老龄化形势和发展趋势的推动形成，该方式更达到了理想的服务效果。其实，几乎每个社区的养老服务都由多类或多个主体来提供，我们所选择的案例也是如此，但在特定的某个社区占据主导地位的服务主体可能只有一两个。对此，我们分别通过以下不同组合的合作形式进行分析。

一、政府与公益性社会组织互动合作——益田社区

（一）政府在互动合作中的态度、职能与做法

深圳市政府高度重视养老服务建设，截至 2015 年，社区养老服务覆盖率已达 100%。其中，建成社区服务中心 646 家、社区星光老年之家 916 个、老年人日间照料中心 61 家、养老院 31 家、养老床位 8359 张[①]。2022 年，深圳市民政局发布《深圳市民政事业发展“十四五”规划》指出，到 2025 年，民政体制机制更加规范而富有活力，保障措

① 深圳民政局．深圳市民政局关于公开征求《深圳市养老服务业发展“十三五”规划（征求意见稿）》[EB/OL]. http://mzj. sz. gov. cn/cn/xxgk_mz/ztzl/pfxc/pfssqk/lfgcpf/gzzqyj/content/post_7574469. html，2015 - 12 - 7.

施更加科学而公平公正，设施网络更加健全而便捷可及，服务体系更加高效而亲民务实，基本形成“服务型、平台型、枢纽型、网络化”现代民政格局①。

在推动养老服务多元供给主体互动合作的工作中，深圳市政府强调：首先，要高度重视居家养老服务体制建设，它是社会福利与社区服务的有机融合，是二者在家庭照护中的体现和反映；其次，要加强与其他社会组织的交流合作，努力调动社会力量和市场力量为老年人提供生活、医护、精神等多方面的服务；最后，要注重管理、加强监督，努力协调好养老服务各方参与主体的利益关系，民政部门要重视对服务质量进行适时检查和评估，确保居家养老服务的规范和效果。为更好地推进与社会组织合作开展养老服务，深圳市政府还特别明确地提出了政府与社会、市场相结合的具体原则，这进一步显示出深圳市政府对养老服务的重视。

深圳市政府通过消费券的形式，将政府、社会服务组织与老年人联系起来。整个流程如下：首先，受助老人凭材料到所属的社区工作站申请社区居家养老服务补助，核准后领取消费券；其次，老人向深圳市居家养老消费券定点服务机构购买服务（双方签订服务协议），以消费券支付费用，超出消费券票面金额的部分由受助人个人用现金支付；最后，服务机构定期凭消费券、服务协议、服务记录本、结算表等材料到服务对象户籍所在消费券结算部门结算。总的来说，在开展养老服务的工作中，深圳市政府一直非常重视与社会组织合作，这为更好地满足老年人的多方面需求奠定了基石。

（二）公益性社会组织在互动合作中的职能与做法

福安养老服务中心坐落于清爽温馨、舒适安静的益田社区中，是一家集托养、日间照料、居家养老、医养结合四位一体的养老服务综合

① 深圳民政局．深圳市民政事业发展“十四五”规划［R］．深圳，深圳民政局，2022.

体。总占地面积2020平方米，共有床位75张，设有康复治疗室、康复训练室、智能训练室、农疗基地、健身环道、棋牌室、阅览网络室、精神慰藉室、闲聊茶吧等功能室，主要为社区老年人提供生活照料、康复训练、精神慰藉、膳食供应、休闲娱乐等综合性养老服务。福安养老服务中心以社区为平台，以向其提供适切、专业、真诚的优质服务为目标，以“融入社区，专注服务”为服务主旨。

非营利性组织能否获得持续、可利用的资金是保证组织活动正常开展的前提，福安养老服务中心能够在成立至今十余年的时间里成为越来越受欢迎的社会组织，尤其是老年人耳熟能详的服务机构，离不开多方位的筹资模式提供保障。养老服务所需资金按照“三个一点”来筹集，具体来说，第一个“一点”，是由本市区的福利彩票公益金出一点，社区居家养老服务补助资金由市福利彩票公益金承担；第二个“一点”，是由区财政出一点，区财政需提供社区居家养老服务的监管、评估等工作内容所需要的资金，实现与补助资金的配套资助；第三个“一点”，是由社会和个人出一点，当服务费用超出了老年人补助额度的上限时，就需要老年人个人或家庭来支付。同时，还需要重视民间资本的力量，积极引导其参与兴办养老服务事业，并大力倡导个人和单位捐助慈善基金。此外，丰富多样、细致入微、价格低廉而又高质量的服务是福安养老服务中心成为深受老年人欢迎的又一重要原因，具体服务项目和内容，如表5－1和表5－2所示。

表5－1　　福安养老服务中心托管项目和内容

服务项目	护理级别	日收费	月收费	备注
日托	自理	45元/天	1350元/月	日间在中心，含午餐，晚上回家
	半护	55元/天	1650元/月	
短托	自理	65元/天	1950元/月	日间在中心，含三餐，夜间住中心
	半护	80元/天	2400元/月	
	全护	100元/天	3000元/月	
临时寄养	半护	25元/小时		吃饭另计

资料来源：作者根据福安养老服务中心提供的资料整理。

表 5－2　　福安养老服务中心老人照护的服务项目和内容

服务项目	收费标准	备注
家居清洁	30 元/小时	清洗衣被，缝补衣衫，打扫卫生
陪购/陪医/聊天/读报	35 元/小时	根据老人临时求助需要提供相应服务
帮老人沐浴	40 元/次	上门帮助半失能或失能老人沐浴
订餐	早餐 5 元/餐 午餐 15 元/餐 晚餐 15 元/餐	早餐：面食、粉类、粥类 午晚餐：炒菜、米饭、面食、汤
送餐	18 元/餐	二荤一素一汤，送上门

资料来源：作者根据福安养老服务中心提供的资料整理。

（三）合作模式的优缺点

深圳市益田社区的养老服务主要由福安养老服务中心这家非营利性质的组织机构来提供，该社区的养老服务供给模式即是我们所谓的政府与公益性社会组织互动合作的代表。

这种模式的优点突出表现在：投入少、见效快，满意度较高。首先，就投入而言，根据深圳市民政局提供的测算方法，建设一个具有基本养老保障功能的养老机构，基本成本包括两部分：一是初期固定投入，为 5 万～10 万元/张；二是日常运营成本，每月 250 元～500 元/张。这样算来，一年总共支出要在一千万元左右。就益田社区而言，政府每年提供场地补贴的标准为 800 平方米以下补贴 10 万元，800～1000 平方米补贴 15 万元，依次类推，每增加 200 平方米，补贴力度加大 5 万元；床位补贴为每月 160 元/张。这样算来，政府仅需支付二三百万元就能完成需要投入上千万元才能建成的养老服务场所。其次，就见效而言，即使一家小型养老服务机构，从筹划、投资、建设、招募人员、规范章程，到投入运营，在一切顺利且高效落实的情况下，至少也需要多半年的时间，而采用政府与公益性社会组织合作，通过政府购买服务的方式提供养老服务，仅需几周就可能实现，即便是政府与私营组织合作也很难如此快捷有效，因为私营组织往往会在营利空间上进行更周密和细致的考察。最后，就满意度而言，因为我国60岁以上的老年人基本都经历过困难和灾害时期，知道今天的富足生活来之不易，大多数老年人的生活都比较节俭，加之公益性社会组织不以营利为目的，提供的多为免费或廉价服务，并且有政府的规范和监督，服务质量有保障，服务对象总体满意度比较高。

这种模式的缺点突出表现在：资金供给难以满足需求。当前，政府与公益性社会组织的合作还处于初期试验阶段，政府购买服务的种类和数量还不能满足老年人的实际需求，资金供给量也尚显不足。一方面，从受助者的角度而言，深圳政府对养老服务的补助对象和补助标准依据年龄大小、收入状况和自理能力等分别给予300~500元的补贴。就益田社区而言，60岁以上的老年人有8000多人，其中享受补助的老人仅有400多人，不到总人数的5%。另一方面，对公益性社会组织而言，尽管深圳市公益性社会组织的资金来源按照“三个一点”来筹集，即本市的福彩公益金出一点，区财政出一点，社会和个人出一点，但是益田社区政府提供的用于养老服务的补贴仅占全部资金来源的10%，加之筹集的福彩公益金的数额具有不稳定性和不确定性，老年人享用养老服务的成本还是比较大的，公益性社会组织在养老服务的提供上还是有一定后顾之忧。

特别需要注意和强调的是，为了达到理想的服务效果，政府往往偏向于将服务项目交给资历深、专业性强、服务效果好、受众程度高的公益性社会组织承接，然而，一旦所选择的社会组织达不到预期的效果，政府就会寻找更合适的购买对象。因而，长期得以幸存的公益性社会组织也是经过多轮角逐后胜出的，所谓公益性社会组织缺乏竞争的观点是不科学的。

二、政府与私营组织互动合作——震泽社区

（一）政府在互动合作中的态度、职能与做法

近年来，无锡市政府积极推进和谐老年事业发展，通过政府购买服

务的方式为特定老年人提供居家养老信息服务。在此背景下，无锡市民政局制订了《居家养老援助服务项目方案》，由无锡市便民服务中心负责方案的具体组织与实施工作，该项目通过政府购买服务的方式为全市符合条件的社区老年人提供"助餐、助洁、助浴、助医、助行、助购"等服务。根据要求，由96158便民服务中心组织专业的养老护理员，按照预先约定的时间，上门为符合要求的老年人提供菜单式的援助服务。政府将符合《无锡市为特定老年人家庭购买居家养老信息服务办法》的老年人纳入养老服务的帮扶范畴，由民政局作为资质审核单位，对符合条件的服务组织授权，向相关老年人提供上门服务。对《无锡市市区居家养老服务补贴办法》涵盖的服务对象，可按照原渠道执行，也可以由新招标确定的服务组织完成，但是所需经费的来源及核算程序按此办法实施。此外，无锡市政府还特别提出，政府部门不作为养老服务的直接提供者，而是积极鼓励民间组织的市场化发展，由市场根据老年人的实际需要向其提供相应的服务。

（二）私营组织在互动合作中的职能与做法

服务于无锡震泽社区的净慧养老中心，是一家全国连锁的专业养老机构，全称为"净慧养老服务运营管理有限公司"，创办于2009年3月，2011年专门注册了"净慧"养老服务商标。中心拥有专业管理团队和服务团队，建立了较为成熟的质量管理体系、GPS定位系统、应急呼叫系统、远程视频监控系统、智能信息化管理系统等。中心下设无锡市净慧颐养公寓、无锡市中桥老年修养院等六家养老机构，拥有床位2000张，占地面积78亩，总建筑面积达18000平方米，中高级专技人员80人。就居家养老服务而言，净慧养老中心为营造和谐文明的社会人文环境，特别推出"居家养老百项服务"，让老年人得到养老不离家、服务送到家的贴心服务。中心工作人员为居家老人提供日常身体清洁、每周助洗、每日助餐以及家政类服务，给需要上门照顾的老人提供日间托老、卫生清洁、洗衣送餐、走访探视等特殊照料的百余种服务。

其中，生活照料、康复护理、精神慰藉等为服务重点，服务对象可自主选择表5－3中的套餐项目。

表5－3　　　　无锡震泽社区的基本服务项目

序号	套餐	基础服务	特色服务	工时	备注
1	换季套餐	日常物品整理 简单家具除尘 健康状况调查 量血压 代购/代办	翻晒、更换床上用品 床品洗涤	2	翻晒被褥，枕头，毛毯等 换洗床单、枕套、被罩、床罩等
2	助洁套餐一		居室整理 衣物洗涤	2	整理卧室、卫生间、厨房 衣物清洗
3	助洁套餐二		洗头 理发 洗脚、剪指甲	2	洗头，简单理发 洗脚，剪指甲 泡脚，灰指甲修剪
4	助餐套餐		上门煮饭 厨房整理	2	淘米煮饭 剪裁，配菜，炒菜 厨房厨具整理归位，清洁操作，清洁水槽、水龙头
5	助浴套餐		外出助浴 家庭助浴	2	外出/家庭助浴 换洗衣物洗涤 晾晒衣物
6	助残套餐		起居照顾	2	协助穿衣 洗漱 饮食 如厕
7	助行套餐		陪同外出	2	散步 购物 就医 办事
8	自定套餐		用户临时安排的特殊需求	2	用户临时组合以上内容的服务项目 特殊服务项目

资料来源：作者根据无锡震泽社区提供的资料整理。

老年人在接受预约服务时只需拨打“96158”，便民服务中心就可进行登记、人员安排、上门服务，老年人足不出户就可以享受所需的服务项目。对于符合要求的老年人，每个月可以享受2个工时的免费服务，服务内容根据老人的需求自主选择。如果所需服务超过两个小时的工时，只需要支付相应的费用即可。此外，对于需要耗费较多人力、花费较多工时或需要更换零部件的，净慧养老中心也可以提供相应的收费服务项目（如表5-4），居家养老援助服务对象也可享受优惠价格。

表5-4　　无锡震泽社区的收费服务项目

项目类别	具体内容
家电维修	电视机维修、空调维修、冰箱冰柜维修、洗衣机维修、热水器维修、微波炉维修
水电维修	管道维修、卫浴洁具安装、坐便器水箱维修、电工维修、灶具维修、打孔服务
电脑维修	台式电脑、笔记本电脑、针式打印机、激光打印机、外设维修
钟点工	2小时/天至8小时/天及以上
保姆	住家生活保姆、护理（半自理）保姆、护理（全自理）保姆、陪夜型保姆
家庭保洁	定期保洁（一年）、定期保洁（半年）、不定期

（三）合作模式的优缺点

无锡震泽社区的养老服务，主要由净慧养老中心这家政府招标的民营组织来提供，该社区的养老服务供给模式是我们所谓的政府与私营组织互动合作的代表。

这种模式的优点在于：一方面，管理分工明确细致。就净慧养老中心的工作人员而言，一直在贯彻采用“熟带生”“高助低”“专辅外”的管理运行模式。所谓“熟带生”，就是熟悉、熟练养老服务工作的人员向刚入职的工作人员传授如何与老年人沟通并提供服务；所谓“高助低”，就是高学历、高技能的工作人员指导、辅助低学历、低技能的工作人员开展服务；所谓“专辅外”，就是对于技术要求高的服务项目，要由专业人员辅导非专业人员开展实施。对于服务对象，也会根据其年龄大小、身体状况、病症特点、服务要求、服务地点等进行有计划性、有针对性、有目的性的服务。另一方面，服务保质保量。每个符合条件的老年人，每月可享受两个工时的免费服务。每月月初由政府（民政部门）向这些老年人分发“服务享用券”，当老年人接受服务后向净慧服务人员提供此券，每个季度净慧养老中心将这些“服务享用券”交还给政府部门，政府部门再就服务的及时程度、服务效果等情况进行评估审核，根据达标程度返还给净慧养老中心相应的服务费用。也就是说，“服务享用券”还起到了监督服务质量、优化服务效果的作用。这就有利于服务中心向老年人提供保质保量的服务。

这种模式的缺点在于：一方面，因为政府与净慧养老中心这种私营企业的合作关系已经比较融洽且稳固，政府可能会产生路径依赖，缺乏动力发展新的照护模式；而私营组织出于营利考虑，也不愿意让其他公益性组织介入。另一方面，成本和便利性的选址问题，很可能会给普通居民造成一定的影响。设立于沁园新村的净慧养老中心，方便了日托老年人的接送，然而，有些身体状况欠佳的老年人可能会随时离世，这会使住在周边的居民感觉气息欠佳。另外，在日托或月托的老年人中有些意识已经不太清晰，常有叫喊、躁动等病症，难免会打扰到周边居民休息。因而，越是年轻人聚集的小区，居民就越排斥养老中心。

三、政府、公益性社会组织与私营企业互动合作——文昌社区

（一）政府在互动合作中的态度、职能与做法

2015年底，扬州市政府下发了《加强养老服务体系建设的实施意见》。该意见指出，要进一步提升政府购买养老服务的能力，推进养老服务机构的建设，强化居家养老的功能与效用，提升网络化、信息化、数字化水平；加大社区养老服务基础设施建设力度，提升养老服务机构运营质量，发展老年教育文体服务，增强老年人精神关爱。到2020年，全面建成覆盖城乡的养老服务体系，保证生活照料、医疗护理、精神慰

藉、紧急救援等服务项目覆盖城乡所有老年人。养老床位总数达到每百名老年人拥有4张以上床位，护理型床位占养老床位总数一半以上，社会力量举办或经营的养老机构床位数占比要超过三分之二。建立养老服务准入、退出和监管机制，规范行业标准，养老护理人员要求全部进行岗前培训，持证上岗率要求90%以上。养老服务信息管理系统要实现省到乡镇（街道）相互联通，全面覆盖的城乡应急救援服务信息网络。构建完善的经济困难的老年群体养老补贴机制，努力调动公益性社会组织和民间组织的积极性，将经济困难的老年群体作为保障重点，以确保老年人都能享受最基本的养老服务。

（二）公益性社会组织在互动合作中的职能与做法

文昌社区目前是扬州市最大的拆迁安置社区，共有居民4219户、12608人，其中60岁以上的老年人1328人，占常住人口的11.5%，现有空巢老年人136人①。社区自2005年8月成立以来，始终坚持以关心关爱老年工作为切入点。为使社区更多的老年人享受晚年的幸福生活，社区养老服务中心集思广益，建立了夕阳沙龙、老年大学、退管协会、雷锋信箱、义工联盟等公益性组织，定期为老年人服务，组织落实服务队伍8支、活动队伍23支，两组队伍共有千名服务人员，定期为老年人开展志愿服务活动，提供居家、日托和全托个性化服务方式，使社区居家老年人得到生活照料、救济救助、医疗康复、心灵慰藉、休闲娱乐等全方位的关爱。其提供的养老服务内容丰富多样，部分内容如表5－5所示。

表5－5　　文昌社区提供的部分养老服务的项目和内容

服务项目	服务内容	备注
家政服务	厨房、卫生间、卧室、客厅保洁维护，简单家具家电维修，衣物被褥清洗等	

① 调研过程中获取的数据资料。

续表

服务项目	服务内容	备注
生活服务	为老年人制作营养餐或送餐，协助老年人脱、穿衣服，铺床、叠被，为老年人晾晒被褥，为老年人洗涤衣服、床上用品等	
按摩服务	按摩推拿、艾灸、升阳、刮痧、拔火罐、红外保健等	
康复服务	食疗营养保健、医疗营养保健、协助进行康复训练等	
精神慰藉	陪老年人聊天、谈心、读书、读报等	
临终关怀	慰问、疏导等	
心理咨询	心理咨询、心理健康保健等	

（三）私营组织在互动合作中的职能与做法

对于中高收入的老年人或是自理能力欠佳的老年人，往往有额外和特殊的服务需求，如营养师、私人理疗师、24小时保姆、高级护理等等，一般是政府和公益性社会组织难以满足的。仅就自理能力而言，文昌社区80岁以上的高龄老年人就超过200人，失能、半失能老年人有10多人，各类私营组织的服务侧重点不同，老年人需求的个性化和经济实力也存在差异，所以需要多家不同的私营组织为这些老年人提供服务。社区为了满足这类老年人的需求，积极协助引进一些技能高、责任感强、服务好的私营组织为其提供服务。对于通过社区引进的这些私营组织，社区工作人员都会对其资质、服务内容、服务对象、服务满意程度进行登记，一旦发现这些私营组织存在对老年人不认真、不负责的行为或达不到老年人服务要求的，社区要做到及时清理和更替，积极维护老年人的权益。

（四）合作模式的优缺点

文昌社区的养老服务由多家公益性社会组织和私营组织来提供，该社区的养老服务供给模式是政府与公益性社会组织、私营组织互动合作的代表。

这种模式的优点突出表现在：便于整合资源最大限度地满足不同人群、不同层次的需求，老年人整体满意度高。就文昌社区而言，从人群类别来看，这种模式的具体优点有：（1）无劳动能力、无经济来源和无人照料的17位孤寡老人享受政府免费居家养老服务，其中，60～70岁的孤寡老人享受每天1小时上门服务，70～80岁的孤寡老人享受每天2小时上门服务，80岁以上的孤寡老人享受每天3小时上门服务。（2）对除孤寡老人以外，条件较好的其他60岁以上的“空巢老人”，适当收取一定费用。（3）对收入水平高，有特殊服务需求的老年人，依据具体要求联系公益性社会组织或私营组织提供服务，并收取相应的费用。从需求类别来看，这种模式的具体优点有：（1）家政服务。根据老年人家庭的具体需求，可为他们聘用家庭服务员（或志愿者），签订服务协议，主要帮助老年人料理家务。居家养老服务站可全天候为老年人提供生活照料、送餐、助浴、打扫卫生、洗衣等居家服务。（2）医疗服务。由社区医疗卫生服务站为每位老年人建立健康档案，设立健康咨询室，定期上门为其成员进行巡诊、康复锻炼、陪送看病、健康检查。（3）精神服务。定时上门为老年人读报等，进行沟通、交流和精神慰藉，定期集中组织开展多种形式的适合老年人的各类文体娱乐活动，为他们排解寂寞，丰富他们的精神生活。（4）安保服务。针对性地为居家养老家庭安装无线联防网络，目前安装电话看家业务153户，针对孤寡老人等自理能力差的家庭安装报警装置11户。

采用这种模式的困难突出表现在：一是政府放权不够，影响公益性社会组织和私营组织职权的发挥。事必躬亲、亲力亲为是政府在养老服务工作中的常规做法，这不仅造成政府的权责混乱，对公益性社会组织和私营组织安排的服务也会造成干扰。二是难以平衡各个服务供给方的权益，这对政府的统筹管理能力提出了更高的要求。尽管老年人的身体状况和经济承受能力存在差异性，但可以简单地区分公益性社会组织和私营组织养老服务的供给偏好。然而，由于受到逐利性的驱动，私营组织一方面可能会主动挤占公益性社会组织的服务对象，另一方面可能会在提供服务的同时或之后出现兜售产品的现象，进而危及老年人的权益，可能造成养老服务市场的紊乱。

第三节　养老服务多元供给主体互动合作效果的比较分析

养老服务是在适应人口老龄化和家庭结构变迁的背景下，在家庭养老基础上发展起来的，是适合我国国情的新型社会化养老模式。它可有效发掘、整合和利用各类社会资源，满足不同老年人多元化、个性化的生存及发展的需求，已成为我国养老服务的发展趋势。在养老服务中，政府、公益性社会组织和私营组织依托于社区，为老年人提供生活照料、家政服务、康复护理和精神慰藉等多方面服务。必须要注意的是，供给主体的性质和数量会直接影响老年人的需求满意度。通过分析调研益田社区、震泽社区和文昌社区老年人的需求与供给情况，我们可寻求最理想的养老服务供给主体的合作模式。

一、社区负责人视角下养老服务多元供给主体的互动合作效果

（一）居家养老服务

1. 居家养老服务的方式

从社区提供居家养老服务的方式来看，三个社区所采用的方式不尽相同。通过比较可以看出，益田社区和震泽社区的服务方式比较单一，文昌社区的服务方式更为灵活和多样。

益田社区提供的居家养老服务方式主要是“有偿的小时工性质的家庭服务员入户服务”与“有偿的社区站点形式的日间照料服务”；震

泽社区只有“邻里志愿性质的服务”；文昌社区的居家养老服务方式包括“低偿的小时工性质的家庭服务员入户服务”“无偿的小时工性质的家庭服务员入户服务”“无偿的社区站点形式的日间照料服务”，以及“邻里志愿性质的服务”。

2. 居家养老服务项目和质量

调查问卷中列举出了诸如讯铃急救、电话送餐、家政卫生、长期护理、情感陪护、代购代邮等服务项目。益田社区和文昌社区提供的居家养老服务项目都比较全面，服务质量也都比较高；而震泽社区提供的服务项目相对来说要少一些，社区负责人也认为尚有一定的提升空间。

社区提供了居家养老服务次数比较多的项目，益田社区主要是迅铃急救、电话送餐、家政卫生、长期护理、情感陪护、代办购物或邮寄等。为了解社区居家养老服务的质量，益田社区让负责人对自己提供的服务进行打分，按10分制来算，益田社区得分为9分。震泽社区选择的居家养老服务次数比较多的项目是迅铃急救、电话送餐，社区负责人对自己提供的服务进行打分，震泽社区得分为8分。文昌社区提供的居家养老服务项目主要有迅铃急救、电话送餐、家政卫生、长期护理、情感陪护、代办购物或邮寄等，若请老年人对接受的服务进行评价，社区负责人认为老年人可能打出的分数是满分10分。

3. 居家养老服务接受情况

因为社区规模的大小有差异，仅以接受服务的具体人口数量作为比较的依据是不科学的。因而，我们在阐述中，只比较当年较上一年接受服务的人数变动情况。简单来说，益田社区较上一年接受服务的人数略有增加，震泽社区平稳中略降，文昌社区基本持平。

就益田社区而言，当年较上一年接受服务的人数略有增加。探究人数增加的原因，很可能是居家养老服务的深入被更多的老年人及其家属认可和接受；震泽社区接受服务的人数较上一年稳中略有下降，其原因可能与服务项目类别较少有一定关系；文昌社区接受服务的人数较上一年基本持平，社区负责人提出这与社区服务设施相对健全、服务项目满足需求、服务质量得到认可有直接关系。

（二）社区养老服务

1. 社区养老服务的项目和内容

通过对社区负责人进行问卷和访谈，不难发现三个社区都建立了社区服务中心或是社区服务站。三个社区开展的养老服务项目类别大体相同，只是具体服务内容有所差异。总体而言，文昌社区较益田社区和震泽社区提供的服务内容更为丰富。

益田社区老年人日间照料中心目前已经转型升级为专业的社区养老机构，兼具日间照料的功能，能够提供生活照料、康复训练、精神慰藉、膳食供应、休闲娱乐等综合养老服务。震泽社区服务项目主要通过推进日间照料中心、老年人活动室等社区养老设施建设来实现，同时震泽社区也加强了社区养老服务设施与社区服务中心及社区卫生、文化、体育等设施的功能衔接，发挥了综合效益。社区积极为老年人提供各种康复咨询、休闲娱乐、日间照料等服务，并组织老年人开展多种兴趣活动，以丰富老年人的日常生活。文昌社区服务中心向辖区老人提供的养老服务项目丰富且具体，主要包括五大类：一是社会保障相关服务，包括生活救助、社保卡受理、医疗保险事务受理、慈善捐赠事务受理等；二是医疗保健相关服务，包括医疗服务、康复治疗、体质检测、健康咨询等；三是社会福利相关服务，包括养老补贴发放、困难老人救济、残疾老人服务等；四是文体活动类服务，包括唱歌、舞蹈、书画、棋牌、健身、体育等；五是教育科普类服务，包括老年法律课堂、司法援助、老年大学、老年人图书馆、阅览室等。

2. 慰老服务项目

从社区提供的慰老服务项目来看，三个社区所提供的服务项目的类别有所差异。总体而言，文昌社区开展过五项慰老服务项目，是三个社区开展慰老服务项目最多的，其次是益田社区，最少的是震泽社区。

益田社区开展的项目包括老年人讲座、定期免费体检、少年志愿者进社区和传统节日庆祝活动四项；震泽社区开展过的慰老项目有老年人讲座、定期免费体检、传统节日庆祝活动三项；文昌社区开展的慰老服务项目包括老年人讲座、定期免费体检、少年志愿者进社区、传统节日庆祝活动和上门慰问五项。缺少少年志愿者进社区的慰老服务项目，在一定程度上反映出震泽社区和其他一些社会组织的联系不太紧密，没有最大限度地发掘社会资源参与养老服务；缺少上门慰问的慰老服务项目，在一定程度上反映出震泽社区和益田社区的养老服务工作还不够深入。

3. 向特殊老年人提供的服务类别

从社区向特殊老年人提供的服务来看，三个社区提供的服务也是不同的。文昌社区的老年服务涉及高龄老人、失独老人和空巢老人，覆盖范围更为宽泛；而益田社区和震泽社区几乎没有涉及向空巢老人提供特殊服务。

益田社区选择的是“高龄老人补贴与养老服务”与“失独老人补贴与养老服务”；震泽社区同样选择了“高龄老人补贴与养老服务”和“失独老人补贴与养老服务”；文昌社区选择了“高龄老人补贴与养老服务”“失独老人补贴与养老服务”以及“空巢老人养老服务”。但对于低收入老年人，三个社区均没有特别关注。

（三）社区人力、财力的配备及使用情况

1. 社区工作人员的结构情况

三个社区的问卷中有关工作人员情况的填写，缺失得都比较严重，很难从问卷中获得更多更详细的关于工作人员的具体情况。从访谈中我们了解到，不同年龄段的志愿者均是社区养老服务的主力军。但社区不同，人员结构也会有所差异，总的来说，文昌社区较其他两个社区的人员结构更为完备。

益田社区除了负责养老服务的管理人员、志愿者外，还按照社会工作者与老年人1∶5的比例配备了社工人员，这些社会工作者每周上门服务两次。震泽社区主要由社区承担养老服务的管理工作，由净慧养老

中心通过调动、安排工作人员、志愿者为居家老人提供家政、精神慰藉等服务。其中，从事居家养老服务的有5位女性，即管理人员1人，直接服务人员4人。文昌社区以社区养老服务人员、志愿者为居家养老服务的主力，私营组织的服务人员为重要补充，社会工作者为基本保障。其中，管理人员12人，社工人员2人。此外，还通过政府支付工资的形式雇用了14名居家养老服务的服务员。

2. 社区的经费来源和使用情况

三个社区在调查问卷中对养老服务经费的来源和使用情况作出的解释和说明都不太明确。但通过访谈我们了解到，三个社区的养老服务费用都以政府投入为主，并有一定的社会捐助和少量福彩资金。经费使用情况也各有侧重，但基础建设投入、日常活动支出和节日慰问支出最为普遍。

经费来源数额有限，无论是以政府与公益性社会组织合作为主要形式的益田社区，还是以政府、公益性社会组织与私营组织合作为主要形式的文昌社区，都表示经费数额并不宽裕。以政府与私营组织合作为主要形式的震泽社区尽管没有强调经费不足问题，但也透露出希望获得更多的资助。可见，经费问题是制约养老服务发展的重要问题，无论是哪种合作形式的供给主体，都难以解决经费问题。从三个社区的支出用途来看，最广泛的三类用途是基础建设投入、日常活动支出和节日慰问支出。其中，文昌社区在设备更新、人员培训上的投入比重较大，无锡震泽社区对此类问题的关注度也比较高。

二、老年人视角下养老服务多元供给主体的互动合作效果

（一）社区老年人的基本情况

1. 三个社区的各类人口数

表5-6显示，益田社区的总人口数高达4万，是震泽社区和文昌

社区总人口数的三倍多，该社区60岁以上和80岁以上的人口数比其他两个社区的人口数都多，仅80岁以上的老人就达到1300人，做好养老服务工作的任务重大且艰巨。按照60岁以上人口超过13%就算进入老龄化社会来看，三个社区的老龄化程度都已经非常高（震泽社区高达23.1%，三个社区中文昌社区最低，但也已经达到17.5%），这就需要社区重点关注这些老人的服务需求。

表5-6　　三个社区的各类人口数汇总

指标	益田社区	震泽社区	文昌社区
社区总人口数（人）	40000	13000	12000
60岁以上人口数（人）	8000	3000	2100
80岁以上人口数（人）	1300	450	220
60岁以上人口占总人口比重（%）	20.0	23.1	17.5
80岁以上人口占总人口比重（%）	3.3	3.5	1.8

资料来源：笔者根据调研过程中获取的数据资料整理。

2. 三个社区参与调研的老年人的家庭收入情况

表5-7给出了三个社区参与调研的老年人的家庭收入情况。从表5-7可以看出，无论哪个社区，家庭收入在3001~5000元的老年人占比都是最大的，其中，震泽社区最高，将近一半。对于这三个社区而言，家庭收入在1501~3000元和5000~10000元的老年人人数占比均分别居于第二位或第三位。此外，还可以看出，益田社区老年人的家庭收入分布比较分散，既有700元以下的，也10000元以上的；震泽社区则正好相反，既没有极低收入的，也没有极高收入的；文昌社区有13.6%的老年人的收入水平在700元以下，较其他两个社区明显偏高。

表5-7　　三个社区参与调研的老年人的家庭收入情况

家庭收入	益田社区（%）	震泽社区（%）	文昌社区（%）
700元以下	1.7	0	13.6
701~1500元	3.3	4.5	4.5
1501~3000元	20	31.8	31.8

续表

家庭收入	益田社区（%）	震泽社区（%）	文昌社区（%）
3001~5000 元	38.3	47.7	31.8
5000~10000 元	20	15.9	22.7
10000 元以上	13.3	0	0

资料来源：笔者根据调研过程中获取的数据资料整理。

3. 三个社区老年人生活起居的照料情况

关于老年人生活起居的照料情况，我们从两个方面进行了调查：一方面，了解老年人生活起居是否需要有人帮助的情况；另一方面，了解老年人生活起居是否有人照料的情况。其结果如表 5－8 所示。对于“您的生活起居是否需要别人帮助”这一问题，三个社区 90% 以上的老人认为不需要他人照料，可见绝大多数老年人认为自身的健康状况还不错，能够自我完成生活起居事宜。对于“您的生活是否有人照料”这一问题，益田社区和震泽社区均有大约 30% 的老年人回答“没有”；相比之下，文昌社区这一比例要低很多，只有 13.6% 的老人回答“无人照顾”。

表 5－8　　　　三个社区老年人生活起居的照料情况

提问	回答情况	益田社区（%）	震泽社区（%）	文昌社区（%）
是否需要他人照顾	需要	8.3	7.1	4.5
	不需要	91.7	92.9	95.5
是否有他人照顾	没有	30	34.1	13.6
	有	70	65.9	86.4

资料来源：笔者根据调研过程中获取的数据资料整理。

4. 老年人心目中最理想的养老方式

关于老年人心目中最理想的养老方式，三个社区老年人的回答非常接近，其调查结果如表 5－9 所示。三个社区选择“住在家里由亲人照顾”的均占到一半多；益田社区选择“住在家中接受社区服务”和“住在养老院”的比重相同，均为 23.3%；震泽社区选择“住在家中接受社区服务”和“住在养老院”的比重也相同，都为20.6%；文昌社区选择“住在家中接受社区服务”的比重明显多于“住在养老院”。依据常理，社区养老服务的种类越丰富、服务质量越高，希望得到社区服务的老人也就越多，这也说明文昌社区的养老服务已经得到不少老年人的认可，接受社区服务已经成为老年人重要的、理想的养老方式。

表5-9　　三个社区老人心目中最理想的养老方式

养老方式	益田社区（%）	震泽社区（%）	文昌社区（%）
住在家里由亲人照顾	50	58.8	59.1
住在家中接受社区服务	23.3	20.6	36.4
住在养老院	23.3	20.6	4.5
其他	3.3	0	0

资料来源：笔者根据调研过程中获取的数据资料整理。

（二）社区养老服务的供给情况

1. 老年人到社区服务机构的路程

对于老年人尤其是行动能力较弱的老年人而言，到社区服务机构的便利程度，在很大程度上决定着他们接受服务的意愿与频率。问卷中，我们对老年人从家到最近的社区服务机构的距离进行了调查，其结果如表5-10所示。通过统计结果可以看出，三个社区的老年人到社区服务机构的路程在500米以下的占到一半以上，在这一路程范围内益田社区老人的比重最大，占到83.3%；最低的是震泽社区，也能达到57.1%，这大大方便了老年人接受和享用服务。此外还可以看出，三个社区的老年人到社区服务机构的路程超过1000米的，均达不到10%，这进一步凸显了社区服务机构的便利性。

表5-10　　三个社区老年人到社区服务机构的路程

到社区服务机构的路程	益田社区（%）	震泽社区（%）	文昌社区（%）
500米以下	83.3	57.1	77.3
500～1000米	11.7	33.3	18.2

续表

到社区服务机构的路程	益田社区（%）	震泽社区（%）	文昌社区（%）
1000～3000米	3.3	7.1	4.5
3000米以上	1.7	2.4	0

资料来源：笔者根据调研过程中获取的数据资料整理。

2. 老年人对社区提供的相关服务的认识和评价

老年人对社区提供的养老服务项目的认知与态度，反映的是老年人对社区养老服务的了解及接纳程度，也能从另外一面体现出社区现有养老服务工作的有效性与针对性。为此，我们在调查问卷中列举了社区能够提供的10个服务项目，并请被调查老年人针对这10个服务项目回答两个问题：一是“社区是否提供或举办过相关服务”；二是“您认为社区有无必要向老年人提供相关服务”。其结果如表5－11所示。首先，可以看到，无论哪个社区，认为“有必要提供相关服务”的比重都高于“提供或举办过相关服务”的比重，显示出老年人对社区相关服务的需求是比较渴望的。其次，就“社区是否提供或举办过相关服务”而言，益田社区和震泽社区各有不同，益田社区更侧重在法律援助、日托所或托老所、心理咨询、代办购物和邮寄等方面提供服务，震泽社区更侧重上门探访、老年人服务热线、困难救助、老年饭桌或送饭、组织文体活动等服务。总体而言，文昌社区的老年人认为“社区提供或举办的相关服务”的比重高于益田社区和震泽社区。再次，就“您认为社区有无必要向老年人提供相关服务”而言，益田社区老年人肯定回答的占比在三个社区是最低的，尽管最低，每项服务肯定回答的比重也在73%以上；震泽社区的老年人和文昌社区的老年人认为“社区有必要提供相关服务”的比重大致相当。最后，无论对于哪个社区，认为“社区有必要向老年人提供相关服务”的比重都大大高于“社区提供或举办过相关服务”的比重，二者差距最小的是文昌社区，在一定程度上反映出文昌社区的老年人对社区在相关服务的提供上还是比较认可的。

表 5－11　　老年人对社区提供相关服务的认识和评价

服务	益田社区提供的服务（%）	震泽社区提供的服务（%）	文昌社区提供的服务（%）	益田社区认为有必要提供（%）	震泽社区认为有必要提供（%）	文昌社区认为有必要提供（%）
上门探访	51.7	76.7	81.8	73.3	88.4	86.4
老年人服务热线	55	57.5	72.7	73.3	92.7	86.4
法律援助	50	42.5	81.8	73.3	87.8	86.4
困难救助	50	71.4	68.2	73.3	90.2	86.4
上门做家务	51.7	51.2	77.3	73.3	85.4	86.4
老年饭桌或送饭	53.3	63.4	59.1	75	84.6	86.4
日托所或托老所	56.7	47.5	59.1	73.3	84.2	86.4
心理咨询	50	31.7	63.6	75	82.5	86.4
组织文体活动	60	76.2	86.4	75	90.0	91.9
代办购物和邮寄	53.3	37.5	59.1	75	81.6	72.7

资料来源：笔者根据调研过程中获取的数据资料整理。

3. 老年人对社区已有活动场所或设施的认识

老年人对社区服务场所或服务设施的认识情况，一方面可以反映出社区养老服务设施与老年人养老服务需求的对接情况，另一方面可以反映出社区养老服务设施的使用效率高低情况。为此，我们在调查问卷中列举了社区能够提供的老年活动室、老年健身室、棋牌室或麻将室、图书馆、室外活动场地、老年学习室、老年康复中心等场所或设施，调查问卷的结果如表 5－12 所示。从表 5－12 中我们可以比较出，益田社区和震泽社区在已有场所或设施提供上各有侧重，仅对已有“室外活动场地”的回答相差较大，其他类别大致相当。文昌社区的老年人对该社区已有活动场所或设施的提供上认可度较高，且明显高于益田社区和震泽社区。此外，我们还可以看出，对于“以上都没有”和“不知道”的回答，益田社区和震泽社区都有老年人选填，而文昌社区的老年人对这两个问题均填写了“0”，这可能和社区宣传不到位有关系，抑或是对社区服务不认同。

表 5－12　　老年人对社区已有活动场所或设施的认识

场所或设施	益田社区（%）	震泽社区（%）	文昌社区（%）
老年活动室	80	90.9	95.5
老年健身室	45	52.3	86.4
棋牌室或麻将室	48.3	40.9	72.7
图书馆	66.7	50.0	90.9
室外活动场地	58.3	84.1	86.4
老年学习室	46.7	45.5	72.7
老年康复中心	28.3	18.2	68.2
以上都没有	1.7	2.3	0
不知道	3.3	0	0

资料来源：笔者根据调研过程中获取的数据资料整理。

（三）老年人对社区养老服务的评价及建议

1. 老年人对目前生活的评价

老年人较青壮年人、中年人有更长的在社区生活的时间，他们对社区生活的评价，很大程度上反映了老年人对社区服务的接受和认可情况。从表 5－13 可以看出，三个社区的老年人对目前生活的满意程度都比较高，基本达到了 70%，这在一定程度上反映出三个社区的养老服务工作都取得了不错的成绩。其中，文昌社区被调查的老年人对目前生活满意的比重略高，且没有一人对目前生活不满意，这在一定程度上说明该社区的养老服务工作更为出色。

表 5－13　　三个社区老年人对目前生活的评价

评价	益田社区（%）	震泽社区（%）	文昌社区（%）
满意	68.3	70.5	72.7
一般	30	27.3	27.3
不满意	1.7	2.3	0

资料来源：笔者根据调研过程中获取的数据资料整理。

2. 老年人对社区改进养老服务的建议

老年人对社区改进养老服务的建议如表5－14所示。从表5－14中可以看出，益田社区的老年人更希望“降低费用”，而文昌社区的老年人更希望“提高工作人员专业性”。此外，对于希望“增加服务项目”“提高工作人员专业性”和“降低费用”的老年人的比重，震泽社区都要高于益田社区和文昌社区，而且震泽社区填答“没有意见”的老年人为“0”，在一定程度上说明震泽社区在养老服务方面还有改进的空间。

表5－14　　老年人对改进社区养老服务的建议

改进社区养老服务	益田社区（%）	震泽社区（%）	文昌社区（%）
增加服务项目	16.7	25	9.1
提高工作人员专业性	25	50	36.4
降低费用	33.3	34.1	9.1
其他建议	3.3	11.4	0
没有建议	40	0	36.4

资料来源：笔者根据调研过程中获取的数据资料整理。

总的来说，通过就益田社区、震泽社区和文昌社区的养老服务情况对社区负责人和老年人进行调查比较，可以发现，由政府、公益性社会组织和私营组织共同提供养老服务的文昌社区在众多方面都比由政府和公益性社会组织提供服务的益田社区以及由政府和私营组织提供服务的震泽社区更胜一筹。文昌社区中政府、公益性社会组织和私营组织有效的互动合作机制是提供优质、满意服务的关键。

本章主要对我国养老服务多元供给主体的互动合作状况进行了调研分析。本章首先提出了调研目的、调研方式、调研对象、调研方案设计以及对调研数据进行了处理；进而，对养老服务多元供给主体的互动合作情况进行了案例分析，有针对性地选取了代表性较强的三个社区，即深圳益田社区、无锡震泽社区和扬州文昌社区，三个社区分别对应了政府与公益性社会组织互动合作、政府与私营组织互动合作和政府、公益性社会组织与私营组织互动合作三种合作模式，再深入分析了各种合作模式中参与主体的职能、做法，以及各个合作模式的优点和缺点；最后，本章从社区负责人视角和老年人视角比较分析了三个社区养老服务多元供给主体互动合作的效果。

第六章

养老服务多元供给主体的互动合作机制及过程

第五章中，我们对养老服务多元供给主体互动合作的调研案例进行了分析，了解了不同参与主体互动合作的特点、成效。尽管参与主体不同，互动合作的形式和程度也有所差异，但就其互动合作机制和互动合作过程而言，具有很强的一致性。那么，养老服务多元供给主体互动合作的机制和过程具体包含哪些内容呢？这些疑问正是本章需要解决的问题。

第一节　养老服务多元供给主体的互动合作机制

加拿大学者马里奥·邦格（Mario Bunge）对“机制”这一概念的理解具有权威性。他说，机制是可以将其他要素联合起来并可以引发或者阻止整个体系或者其他体系产生作用的过程。具体到本书而言，养老服务多元供给主体的互动合作机制，是互动合作中起关键性作用的参与主体之间相互作用的方式及其过程，这种方式和过程能够确定养老服务供给主体的地位，是推动或防止体系内其他要素发生作用的关键，也是保障互动合作良性运行的必要条件。概括来说，养老服务多元供给主体的互动合作机制主要包括以下四个类别。

一、信任机制

信任机制，是指在养老服务的互动合作中，供给主体在相互尊重的基础上，通过对话、行动等方式建立起来的彼此信赖的关系。信任机制往往建立在相关法律法规不够健全的情况下，供给主体基于道义、信誉等在互动合作中所采用的机制。从一定程度上讲，养老服务供给主体的互动合作，其实就是这些供给主体基于信任开展合作的过程，是在信任的基础上相互理解、相互支持、相互配合的过程。更进一步讲，信任机制是其他机制得以开展的前提，在推动互动合作有效开展的过程中发挥着基础性作用。此外，信任机制的重要性还突出表现在，当供给主体之间的关系比较生疏、地位不对等或利益不统一的情况下，更需要通过完善的信任机制保障互动合作的成效。

然而，需要提及的是，信任机制的形成和完善并非易事，往往需要一个长期的、复杂的过程。通常来讲，养老服务的供给主体在互动合作之前，接触较少，了解不够深入，而且缺乏可供参考和借鉴的经验，供给主体往往是在冒有一定风险的情况下开展合作的。当合作取得一定进展后，双方甚至多方认可彼此是可信的、可靠的以及值得合作的，使合作的动机进一步增强。供给主体在更深层次了解、信赖的基础上继续合作。如此反复，信任机制得以建立。

从参与调研的三个社区来看，政府与公益性社会组织或者私营组织合作，都是合作方在信誉、声望、评价等方面获得初步了解之后，开展互动合作的。经过一段时间的接触、了解和互动之后，信任机制得以建立，更长时间、更深层次的合作才得以继续开展。仅就文昌社区而言，与其合作的社会组织就有三十多家，而且还有更多的公益性组织以及私营组织有合作意向，可见文昌社区与其他社会组织已经建立起了良好的信任关系。

二、参与机制

参与机制，是养老服务的供给主体为实现组织目标，在遵守相关法律、法规及其章程的前提下，积极加入养老服务的供给行列之中，并准备向老年人提供所需服务的机制。参与机制是养老服务互动合作的重要机制之一，也是互动合作行为过程的出发点，只有参与合作才有可能继续实现沟通和监督等。

供给主体积极参与养老服务工作是实现互动合作的重要前提，具体来说，供给主体的积极参与包含两层含义：一是不同属性、不同职能的主体积极参与，是性质的扩展；二是相近属性和职能的主体积极参与，是数量的扩张。随着老龄化形势的严峻和经济发展水平的提升，老年人口数量扩张、需求增加，养老服务业中的消费规模凸显，同时，只有供给规模及时跟进，才能满足老年人的需求，也才能保持养老服务业健康、持续的发展。因此，强调、鼓励供给主体积极参与尤为必要。

从参与调研的三个社区的成功经验也可以发现，强调多元化养老服务供给主体的积极参与具有重要意义，表现在：政府和公益性社会组织参与合作，便于通过政府权威保障公共服务的公平供给，但难以实现资源的有效配置；政府和私营组织参与合作，有利于实现资源的有效配置，但难以消除外部效应与保障社会公平。因此，将两种模式结合起来，强调政府、公益性社会组织、市场等积极参与，能够很好地实现优势互补。文昌社区成功的发展经验也很好地印证了这一观点。

三、沟通机制

沟通机制，是指在互动合作的过程中，养老服务的供给主体以一种开放的思想和心态，以加强对话交流、积极协商会谈为重要形式，定期或不定期开展的沟通交流方式。沟通机制是促进合作持续开展的关键，通过沟通可以化解争议，将矛盾消灭在萌芽状态；通过沟通，可以互通信息，实现资源最大程度的共享和利用；通过沟通，可以相互激励，在遇到困难的时候相互勉励、共克难关。

对政策制定者、服务提供者和照护工作者而言，为了确保老年人及其家属的知情权，全面、真实和及时地提供有关服务供给范围、服务资格权限等方面的信息，实现信息交换和传播至关重要。一般而言，养老服务的供给主体不同，其服务人员的类型也会有所差异，通常公益性社会组织以志愿者及专职服务人员为主，私营组织以专业服务人员为主。由于服务人员的知识背景、生活经历不同，很可能在提供服务时难以在短时间内实现高效的配合协作。为了使提供服务的员工能够有效的合作，加强服务人员之间的交流与配合是必不可少的。

沟通机制是互动合作的重要机制，不同社区、不同时期的供给主体之间都会采用沟通机制，只是形式、内容和程度有所差异而已。例如，文昌社区通过定期召开机构间的会议，一般是每季度召开一次中层负责人会议，每年召开一次高层管理者会议，加强各主体之间的信息交流，强调供给主体之间的相互配合。供给主体的相互配合，归根到底是人与人之间的相互配合，即供给主体内部各类服务人员之间的配合。同时，为了增强供给主体成员之间的沟通和互动，会适时提供丰富多样的培训，组织一些需要共同参与的活动。

四、监督机制

监督机制，是指为保障老年人的切实利益和互动合作工作的良性运行，在养老服务供给领域开展的多层次、多角度的监察、督导过程，具体包括在养老服务提供中供给主体之间的相互监督，老年群体及其家属对供给主体提供服务质量的监督以及专门的监督检查部门对供给主体的账务信息、服务满意情况等进行的监督等。

强化监督、避免权力滥用是增强政府服务职能、保证服务效果的有效手段。为了形成分工明确、配合严密、运行有效的统一体，离不开设计完善、执行有力的监督机制，因而必须使纵横交错的监督网络贯穿于养老服务多元供给主体互动合作的整个过程之中[①]。这是确保服务质量的关键，也是实现互动合作有序、高效实施的重要保障。

从参与调研的三个社区不难发现，监督机制在每个社区都引起了高度的重视并得到有效运用。以文昌社区为例，该社区的监督机制比较完善，社区内的养老服务供给主体一直在努力施行：第一，在健全监督机制、强化监督责任的过程中，积极吸引利益相关者和第三方机构参与监督工作，实现多种监督方式的有机结合；第二，强化社区居民对政府、公益性社会组织和私营组织的监督作用，避免养老服务的时间、内容、形式提供的随意性；第三，做好统计、审计工作，严格管控财务资金，定期自查与不定期抽查相结合，注重财务的公开和透明。

总体而言，互动合作机制的建立、健全是保障政府由管理向善治转变，也是建立政府与公益性社会组织、私营组织的合作共赢关系的关键。由多个主体通过多种方式从多个维度实施的养老服务，是一种优势互补、更有效满足老年人需求的新型模式。从政府的一元供给到多元供给的均衡发展，多元供给的养老服务以其互助性、竞争性和可持续性成为当今发展社区养老服务的必然选择。参与调研的三个社区都非常重视养老服务多元供给主体的互动合作，互动合作的内容是丰富的，有效的互动合作不仅加强了供给主体之间的联系，更有利于拓展服务项目，提升服务质量，更好地满足老年人的需求。

第二节　养老服务多元供给主体互动合作机制间的关系

通过上一节的分析我们发现，养老服务多元供给主体互动合作机制

① 郑晓燕．中国公共服务供给主体多元发展研究［D］．上海：华东师范大学，2010.

主要包括四类，分别是信任机制、参与机制、沟通机制和监督机制。这四种机制并不是相互独立的，而是存在紧密的联系，如图6-1所示。

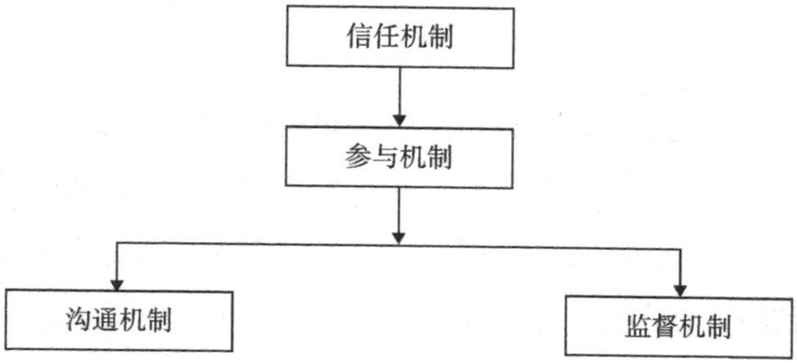

图6-1　养老服务多元供给主体互动合作机制间的关系

资料来源：作者自行整理绘制。

它们之间的关系具体表现为：

第一，信任机制是其他机制产生和存在的基础。互动合作的开展需要彼此信任，倘若政府机构不信任养老服务的供给主体，就不可能将服务项目交给它们；反之，养老服务的供给主体倘若不信任政府机构，就不可能参与养老服务的政府购买项目。正是在彼此信任的前提下，双方才签署合作协议，开展互动合作的。

第二，参与机制连接着信任机制和沟通机制及监督机制，起到承上启下的作用。建立在相互信任的基础之上，公益性社会组织、私营组织等供给主体纷纷加入养老服务的供给队伍，确定自己的角色和分工，为养老服务的供给做好准备。尽管参与机制看似简单，但沟通机制和监督机制都是以参与机制的实现为前提，因而它在整个互动合作机制体系中的作用不可小视。

第三，沟通机制和监督机制共同组成了互动合作机制最为重要的两部分，二者在地位上是并列的。沟通机制是在相互尊重、相互信任的基础上，通过对话、交流等方式实现互动的过程；监督机制是对沟通机制的必要补充，尽管通过沟通机制可以使供给主体的双方或多方达成一致或趋同，但在具体执行过程中往往还需要相互制衡，这就需要监督机制发挥效用。

第三节 养老服务多元供给主体互动合作的过程

任何事物的产生和发展都要经历一定的过程，养老服务多元供给主体的互动合作也不例外，其互动合作过程大体包括三个阶段，即授权阶段、执行阶段和评验阶段（见图6－2）。本节中，我们就围绕着互动合作这一主题逐一分析这三个阶段。

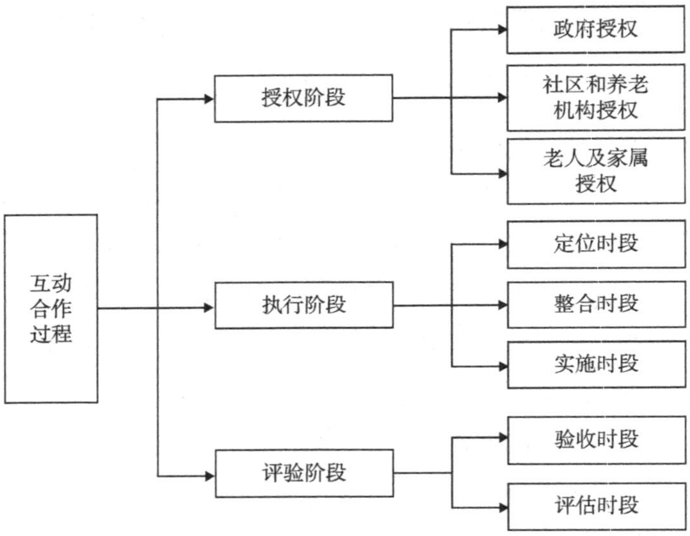

图6－2 养老服务多元供给主体互动合作的过程

资料来源：作者自行整理绘制。

一、授权阶段

授权阶段是互动合作的起始阶段，也是执行阶段和整合阶段的基础。授权阶段又包括三方面的内容：首先，是政府授权。在我国广大地区基本养老服务的供给多采用政府购买的方式实现，即由供给主体来提供老年人需要的服务内容，由政府向提供养老服务的主体支付费用，因而，要实现政府购买必须先要得到政府的授权。其次，是社区和养老机构的授权。社区和养老机构是老年人生活的主要场所，其他养老服务供给主体要向老年人提供服务时，社区和养老机构有责任维护老年人的人身和财产安全，因而必须对供给主体的资质和信誉进行审核，审核通过后方可为老年人提供服务。最后，是老年人及其家属的授权。老年人是养老服务的直接对象，部分家属是养老服务费用的承担者，因而选择何种水平和收费标准的服务供给主体需要征得老年人及其家属的同意。

养老服务的供给主体得到以上三类主体的授权之后，才可能进入养老服务的供给行列，各个供给主体的互动合作过程才能真正开启和实现。授权阶段时，各参与主体的互动频次相对较少，互动形式多以签署协议、颁发授权证书等为主。授权阶段作为互动合作的起始阶段，是互动合作体系得以形成的关键时期，在整个互动合作过程中的地位和价值是毋庸置疑的。

二、执行阶段

执行阶段是养老服务多元供给主体互动合作的核心阶段，供给主体之间以对话、协商、监督等形式开展的合作都是在这一阶段实现的。对执行阶段进行细分，则该阶段包括三个时段：第一时段是定位时段。该时段多元供给主体进入尝试性互动，互动形式多以电话、邮件、会谈等信息交流为主，各主体在确定合作目标和分工定位的基础上，通过委托协议、共同供给协议等确定各自的职能、投入方式和比重、预期目标等；第二时段是整合时段。该时段多元供给主体的互动性大大增强，互动形式多以正式会晤、磋商为主，供给主体根据协议内容进行信息资源、人力资源、物质资源等各类资源的有效分配，努力实现效用最大化。第三时段是实施时段。该时段多元供给主体的互动性达到空前的程度，互动形式多以现场督导、协作实践、亲自演练为主，以具体的项目为依托，实现供给主体之间的互动。

执行阶段实现了多元供给主体从功能定位到资源整合，再到项目实施的全过程，互动合作程度逐渐增强并达到最大化，是互动合作全过程的关键性阶段，在整个过程中起着举足轻重的作用。

三、评验阶段

评验阶段是养老服务多元供给主体互动合作的收尾阶段，供给主体之间的互动性较前一阶段大大减弱。评验阶段具体包括两个时期：首先是验收时段，政府部门对公益性社会组织和私营组织提供的养老服务效果进行验收，并通过验收结果向养老服务的直接供给主体支付报酬。这一时段的互动形式多以文字性、数字性的纸质或电子票据为主。其次是评估时段，政府部门或是第三方评估部门对公益性社会组织和私营组织等养老服务直接供给主体的服务质量、服务认可程度等进行评估的过程。这一时段互动形式多以评审会、总结会为主，并根据评估效果确定是否开展新一轮的合作。

评验阶段是养老服务多元供给主体互动合作的收尾阶段，这一阶段的互动关系多发生在政府或第三方评估部门与养老服务的直接供给主体之间，是对服务质量的保障，同时也为新一轮的互动过程奠定基础。

本章主要对养老服务多元供给主体的互动合作机制和过程展开分析。对于互动合作机制的阐述主要从信任机制、参与机制、沟通机制和监督机制四个维度展开，并以此为基础提出四类供给机制之间的关系。对于养老服务多元供给主体互动合作的过程，笔者将其划分为授权阶段、执行阶段和评验阶段。其中，授权阶段包含政府授权、社区和养老机构授权以及老人和家属授权。执行阶段包括定位时段、整合时段和实施时段。评验阶段包括验收时段和评估时段。

第七章

养老服务多元供给主体互动合作的发展方向、策略和实现路径

前文中，我们以福利多元主义理论和善治理论为指导，在对养老服务多元供给主体互动合作的必要性、可行性和现状进行系统分析之后，结合调研数据进行了实证的检验论证。那么，养老服务多元供给主体互动合作未来的发展方向如何，通过怎样的方式可以实现……对于这些疑问我们将在本章解答。

第一节　养老服务多元供给主体互动合作的发展方向

养老服务多元供给主体互助合作的未来走向可以归结为“协同提质”。协同，即为“1 +1 >2”的效应，各个部分不是简单的加总，而是形成一个有机整体①。提质，即在原有的基础上进一步提升品质。在养老服务这一领域内，协同提质指的是多元供给主体（政府、公益性

① ［英］安德鲁·坎贝尔，凯瑟琳·萨姆斯·卢克斯. 战略协同［M］. 任通海，译. 北京：机械工业出版社，2000：1.

社会组织、营利组织）共同组成一个有机系统，在提供养老服务时不同供给主体之间相互促进，有机融合，优势互补，从而实现了养老服务资源的优化配置，也使老年群体能够享受更加丰富、优质和高效的服务。

从公共物品属性的角度来分析，养老服务可以归为准公共物品，这是由于老年人消费养老服务需要支付相应费用，从而使养老服务消费在一定程度上兼具了营利性和福利性特征。就公共物品而言，其本身具有非排他、非竞争的特性，因而国家在提供养老服务这一准公共物品时，将公平作为首要追求目标，以确保老年人能最大限度地享受养老服务。国家在着力构建多元供给主体养老服务机制，通过协同提质来满足老年群体多元化的服务需求。在养老服务多元供给主体机制中，政府、公益性组织、营利性组织肩负的责任各不相同，三者优势互补，可形成合力，满足不同层次的养老服务需求。其中，政府在制定政策、分配社会资源方面拥有优势，可以为公益性组织、营利性组织制定规则，创造有利于二者发展的环境；与政府相比，公益性组织和营利性组织在创新与效率方面更胜一筹。

在养老服务多元供给主体互动合作的机制之下，政府、公益性组织和营利性组织拥有一致的方向和行动目标，在协商交流的基础上，通过构建互信来平衡彼此间利益诉求的冲突，从而形成一种良性互动的合作方式，达到人、财、物等资源的优化配置，实现三者之间协作成本最小化、社会效益最大化，最终实现多元供给主体的协同提质。现阶段我国老年人口众多，“未富先老”的特征明显，大量的养老服务需求给政府财政形成了较大压力，破解这一难题的关键在于构建新型的养老服务多元供给机制。在提供养老服务时，应以经济能力为依据，针对不同经济基础的老年人提供相应的服务：针对经济基础较好的老年群体，提供多样化的养老服务；针对经济基础一般的老年群体，提供基础性的养老服务；针对经济基础较差的老年群体，应由国家财政承担其保障性养老服务支出。根据老年人的多元消费需求，营利性组织会制定差异化的价格策略，并确保制定的价格满足政府的监管要求。而政府肩负的职责主要是营造良好的市场环境，保障养老服务供需总体平衡，确保老年人能够消费到优质的产品与服务，同时依据环境的变化不断完善相关机制、法律法规，防范和避免逆向选择，最大限度地维护老年人的养老服务权益。

第二节　养老服务多元供给主体互动合作的基本策略

随着养老服务体系的健全，养老服务主体由过去的政府和公益性组织为主，逐渐发展成为现今的政府、公益性组织和营利性组织等主体共同发挥作用的局面，因而，如何实现不同主体之间的良性互动就成为亟待解决的问题。针对这一问题，我们可以采取两方面措施。

一方面，充分发挥政府主导作用，实现养老服务多元供给主体的互动合作。在养老服务多元供给合作体系中，应充分发挥政府的主导作用，同时积极转变政府职能。政府应兼具政策制定和资源分配等多种角色，安排好不同供给主体之间的互动合作。在构建养老服务多元供给主体合作体系过程中，政府的主导地位不容置疑，但其角色需要重新定位，需要重新确定政府与其他机构的关系，转变政府职能，厘清职能边界，从原有直接提供养老服务的方式转变为制定政策和发展规划上来，以便有更多的精力来为老年人提供服务保障。养老服务多元供给主体之间并非简单排列，而是通过发挥政府的主导作用来实现政府、公益性组织、营利性组织等供给主体的互动合作，从而保障养老服务需求的有效供给。这里所说的有效供给并非参与者的平均供给，而是具体问题具体分析，结合地区实际来发挥政府、公益性组织、营利性组织的各自作用。我国幅员辽阔、地域经济发展水平参差不齐，这也使不同区域养老服务发展程度差异很大，不同区域内政府、公益性组织、营利性组织所发挥的作用差别很大。在经济发达区域，营利性组织和公益性组织发育程度高，发挥的作用较大；在经济欠发达区域，营利性组织和公益性组织发育程度较低，政府的作用就比较凸显。

另一方面，养老服务的准公共物品属性决定了其不能完全市场化。社会化的养老服务与市场化的养老服务是完全不同的概念，养老服务的准公共物品属性决定了其不能完全市场化。养老服务供给主体主要包括政府、公益性社会组织和营利性组织，由此形成了三种养老服务供给模式。这三种供给模式并非彼此独立，在一定条件的养老服务体系中，三种模式可以并存。我们不能忽视任何一种模式在养老服务供给中的优势和地位。此外，针对养老服务供给改革实践中出现的片面民营化、市场化倾向，我们要予以足够的警惕，偏离公益性目标的养老服务改革将影响社会福利的最大化。

第三节　养老服务多元供给主体互动合作的实现路径

养老服务互动合作是一种分工明确、职能清晰、互利共赢的有效合作，实现这一目标的路径主要包括转变政府职能、积极发挥政府作用，加强公益性社会组织建设，鼓励与扶持营利性组织发展。

一、转变和优化政府职能

因为存在市场失灵的状况以及公共物品具有非竞争性和非排他性特点，同时市场机制又难以解决分配不公、纯公共物品供给等问题，所以政府有责任保障公共物品的有效供给。如今，多元供给主体共同参与养老服务，政府角色定位应该从台前转到幕后，更多地发挥扶持功能。转变政府职能、发挥政府作用可以从以下三方面着手。

（一）实现政府职能由统治职能向治理职能的转变

统治职能和治理职能有很大区别，二者在管理方式、管理主体、管理手段等方面差别很大。有限政府支持者认为，幕后治理方式应是政府治理的重点，而不是将众多的公共事务等幕前治理作为重点，处理好幕前与幕后治理的关系有利于政府实现善治管理。幕前治理的管理方式是国家统治职能的体现，政府凭借国家权力来实施管理行为，这一过程中更多的是政府强制干预；幕后治理则是以公民社会为前提，依托社会公众等多元化的参与主体，治理的参与主体涉及政府、公益性组织和营利性组织等，通过多向互动反馈来实现社会有效治理的模式。幕后治理可以调动社会民众参与的积极性，通过设立共同的目标将社会主体的意识凝聚起来，构建最广泛的社会认同，最大限度地保障社会公众利益。为了更好地实现幕后治理，政府应注重营造有利的社会环境，为不同主体互动创造条件，保障公众参与社会事务的合法权益。通过构建有效的幕后治理模式，政府的治理行为和手段将更加有效，从而可以为社会公众谋取更多福祉。在幕后治理模式下，公益性社会组织如社区组织将被赋予一系列权利，并承担更多义务，而政府承担的更多的是监管角色。政府应通过配置资源和监管其他养老服务供给主体来发挥作用，如对公益性组织和营利性组织给予财政支持和政策扶持。除配置资源和发挥监管职能以外，政府还肩负着制订规划和完善法律法规等职责。政府通过政策扶持、营造环境等来调动社会主体参与养老服务的积极性，从而保证养老服务不偏离正确的发展轨道。

（二）充分发挥政府监管职能

在养老服务多元供给主体体系中，政府履行的监管职能主要是在定价和资质等方面进行监管。在定价监管方面，对于公益性社会组织，政府监管的重点在于养老服务收费标准和收费内容的监管；在资质监管方面，政府监管的重点在于符合从事养老服务的资质审核以及准入审批等，通过运用法律和行政手段来审核参与主体的资质，以确保参与主体可以较好地提供养老服务。此外，政府还应建立养老服务治理的评估与反馈机制，通过设立专门的机构来实施监督、评估与反馈，以最大限度地提升老年群体对养老服务的认可度和幸福感。现阶段我国一些地区已经开始尝试构建养老服务监督评价体系，并取得了较好的效果。然而，从整体上看，系统性、全局性的养老服务监督、评估与反馈机制尚未建立起来，构建常态化的监督机制依然任重道远。

（三）促进养老服务资源优化配置

在养老服务资源分配方面，国家具有显著优势，国家可以调动各种资源来完成预定目标。但国家对于养老资源的控制也应限制在一定范围内，因为对养老资源垄断程度过高容易导致其他问题，原有计划经济体制下的国家保障模式就是很好的例子。因此，有效的养老服务供给模式应是多元供给主体的互动合作，而非养老服务供给的国家垄断，国家在养老服务资源分配中的作用主要在于为多元供给主体创造有利的条件和环境，从而实现养老资源的优化配置。政府促进养老服务资源优化配置的重要途径之一就是出资买入养老产品与服务，政府可以通过招标方式引入其他社会性组织来运营养老服务项目，这些项目的经费来源于财政拨款，即政府与社会组织签署相关协议，政府负责出资，社会性组织负责提供养老产品与服务。现阶段，我国已开始实践政府出资购买养老产品与服务，这种模式降低了政府对养老服务资源的垄断程度，促进了养老服务资源的优化配置。

二、加强公益性社会组织建设

公益性社会组织本身具有公益性、正外部性等特征，当出现政府调控不到位和市场失灵等问题时，可以充分发挥公益性社会组织的作用，在政府调控机制和市场调节之间找到契合点，弥补政府调控和市场调节的失灵。公益性社会组织可以满足老年群体差异化的养老服务需求，因而应大力加强公益性社会组织建设，通过提升公益性组织专业化程度，提高工作人员服务技能来增加养老产品与服务供给。

加强公益性社会组织建设应从以下两方面着手。

一方面，不断提升公益性社会组织的专业化程度。在养老服务多元供给主体体系中，公益性社会组织的服务能力和服务面更广，这主要体现在比较完善的养老服务的管理和培训机制方面。目前，国内很多院校已经设立了相关专业和课程，并从政策上对养老服务专业人才的培养予以支持，从事养老服务的专业人员必须拥有相应资质。公益性社会组织还要注重对服务人员实施培训，以切实增强工作人员养老服务的知识和技能。原有的社区养老模式是主要由政府来提供养老服务，这种模式有利有弊，虽然可以保障老年群体的基本权益，但也存在一系列不足之处，如服务方式单一、服务范围有限等，这不利于社区养老模式的健康、可持续发展。随着我国老龄化时期的临近，老年人口在社会总人口中所占的比重越来越大，老年群体的养老服务需求将日益多样化。这种背景促使我们不断提升公益性社会组织尤其是社区养老的专业化程度，以满足不同层次老年人的养老服务需求，最终构建一种高低搭配的养老服务体系，即由政府提供基础性养老服务以保障老年群体的基本服务需求，由公益性社会组织提供保健、娱乐等较高层次的养老服务与产品。

另一方面，健全激励机制，不断提升养老服务人员业务素质。养老服务对公益性社会组织的工作人员需求大，他们的工作任务繁杂，但收入远低于在私营组织中工作的工资水平。这就大大削减了养老服务提供者的工作热情，降低了自身提升专业技能的动力，影响了服务的效果和质量。因而，努力激发工作人员的热情、提升专业技能，是公益性社会组织更好地满足养老服务需求的重要内容之一。提升养老服务人员业务素质应做好以下三方面的工作。

第一，微观层面。从微观层面激发养老服务工作人员的热情、提升专业技能，就是要从自身出发，实现自我激励，自我提升。对于每位工作人员而言，自身建设是养老服务工作人员激励机制的重要内容，它不仅对自身发展具有重要意义，也影响着整个团队的整体素质。如何提升自身的思想建设和职业能力至关重要，养老服务工作应做好以下两点：

一是提升价值观念。作为一名养老服务工作人员，当工作内容和性质还不被大多数群众接受、理解和认同的时候，就需要进行强大的思想建设，用以抵消社会的不理解和职业发展上的困惑。尽管物质上的激励能够推动工作人员的平稳发展，但是维系工作人员长期工作的是思想的认同和热爱。因此，应当使工作人员树立“助人自助”的服务精神，让工作人员体会到自己应具备责任感和使命感。只有这样才能感受到工作的成就感和工作本身带来的快乐，从而使其产生满足感。

二是提升工作人员的专业才能。工作人员自身能力的高低是能否干好本职工作的基本条件，养老服务注重实践，即使是已经具有工作经验的服务人员仍然需要不断加强自身专业知识和能力的提升，在平时的学习和培训中对自己的知识储备和技术水平进行完善和加强。专业技能的提升是解决复杂问题最为有效的手段之一，也是工作人员能力和素质的体现，有利于他们更加及时、高效地胜任工作。

第二，中观层面。从中观层面激发养老服务工作人员的热情、提升专业技能，就是通过各类社会组织、社会工作专业服务机构等激发工作人员的归属感、认同感和荣誉感，并提高其专业水平和技能。激发养老服务人员工作热情、提升专业技能，应发挥各类社会组织的积极作用。

一是社会工作者协会。社会工作者协会作为养老服务工作者的重要载体，对社会工作者激励机制的建设和技能的提升发挥着举足轻重的作用。社会工作者协会应紧密关注养老服务队伍的工作动态，及时发现社工人员工作中的困难、疑惑和顾虑，并积极向政府或相关部门反映，维护社会工作从业人员的合法权益。此外，社会工作者协会还应积极增进与工作人员的联系沟通，为工作人员的进步与发展创造更好的环境，争取更多的支持。

二是一般性的社会组织。各个社会组织在激发养老服务工作人员的热情、提升专业技能中应做好以下三点：（1）重视物质激励的作用，努力提高工作人员的薪酬福利待遇。这就需要明确薪酬福利待遇的发放依据，即根据工作人员学历、工龄、职务、绩效等的不同，工作人员所获得的薪酬福利也是不同的，而且还应该细化这些依据的标准，比如各指标所占的比重是多少，每一指标中的级别如何划分等，都要有具体而明确的规定。（2）积极引导工作人员参与日常事务，使工作人员享有一定的参与权和决策权，工作人员享有组织的参与和决策权不仅增强了工作的成就感，还会使工作的开展更直接、更顺畅，进而增强对本职业的热爱。（3）为工作人员提供健全和完善的培训机制，满足他们更高层次的精神追求。组织机构应该针对不同岗位、不同学历、不同职称的人才特点，制订不同的培训方案，有区别、有针对性地开展培训，确保培训的效果，从而保障工作人员的知识和能力得以提升。

三是教育培训机构。及时、充足地提供优质的学习和实习资源，是激励工作人员的重要途径，相关教育培训机构应该根据当前工作人员队伍的现状和工作人员发展规划的目标要求，加快研究制定培训意见，确立各时间段、各领域、各层次工作人员教育培训的主要任务和保障形式，构建体系完善、内容丰富、结构合理的专业培训和继续教育课程体系，为工作人员提供多元化、多样化、规范化的教育培训。

第三，宏观层面。政府应当继续高度重视激发养老服务工作人员的热情、提升专业技能的建设，充分发挥其宏观调控的能力，为此，需做好以下工作：

一是从政策制度上强化激励机制。政府应该把工作人员作为社会建设的第一资源，从政策制度方面激励工作人员的工作热情，设置期限不等的规划目标，明确工作人员培养的规模、内容、任务、结构和目标，并为达到这些目标制定一系列具有激励性质的制度，包括职级职称管理制度、岗位设置制度、薪酬标准和福利保障制度等。努力提高工作人员的待遇与社会地位，努力实现专业化工作人员队伍数量充足、结构合理、素质优良的目标。其中，薪酬福利制度和绩效考核制度对激励工作人员更好地投入养老服务工作具有举足轻重的作用。

二是从薪资和福利待遇上强化激励机制。养老服务的发展离不开资金的补给，工作人员的生存和提升也离不开资金的保障，因而应该巩固和扩大当前的资金来源，努力形成社会、企业、公益基金会等多元化的筹资渠道，确保可以向养老服务工作人员提供充足的资金支持，从而更好地吸引工作人员，并加强其工作稳定性。同时，还应该参照同级别其他人才队伍的发展，制定养老服务人员的薪酬体系，研究制定并出台人员薪酬、福利待遇标准的文件，并根据当前各地的经济和财政发展情况，适当提高养老服务人员的补贴标准，提高他们的待遇水平。

三、鼓励与扶持营利性组织发展

在养老服务多元供给主体中，营利性组织发挥着补充养老服务供给缺失的作用。鼓励与扶持营利性组织发展，可以让老年群体享受更多元化、更专业化的养老服务。鼓励、引导与扶持营利性组织发展，需要首先明确其服务对象，这是营利组织做好养老服务工作的重要前提。营利性组织的服务对象主要为经济基础较好、自理能力较差的群体，针对这部分老年人，营利性组织的服务重点在于提供精神层面的抚慰以及高端医疗护理等付费性服务。鼓励与扶持营利性组织是为了更好地弥补政府与公益性社会组织提供养老服务能力的不足。现阶段政府和公益性社会组织提供的养老服务主要是基础性和保障性的养老服务，较高层次的养老服务与产品供给有限，这很难满足老年群体差异化的养老服务需求。而营利性组织则以追求利润为目标，会更加关注老年人的需求偏好，并有针对性地提供相应的产品和服务，比如营利性组织与餐饮公司合作，可根据老年人的不同口味配备专门的餐饮师。鼓励与扶持营利性组织发展的另一个重要原因在于，空巢老人需要更多、更专业的养老护理服务，也需要精神上的抚慰。对于营利性组织的工作人员，国家应制定严格的资质审核标准，以只有持证方能从业的方式来引导营利性组织的规范发展。营利性组织通过有偿服务等方式为老年人提供养老产品与服务，在获取经济收益的同时，也让老年人享受到良好的医疗保健和娱乐生活，有利于我国养老服务的深入发展。

养老服务多元供给主体模式改变了原有的养老服务供给模式，可以最大限度地满足老年群体多层次、多元化的养老服务需求。在这种模式中，政府、公益性社会组织和营利组织承担着各自的角色和功能，从而有利于形成一种互动合作、互利共赢的格局。需要指出的是，养老服务多元供给主体模式的形成需要一个过程，需要政府、公益性社会组织和营利性组织等参与主体在实践中配合、磨合，最终探索出一条符合当地实际的养老服务供给模式。养老服务多元主体供给模式本质上是一种合理分工、互助合作的机制，这种机制既可以提高政府的养老服务供给效率，又可以培育公益性和营利性养老服务组织，最终实现参与主体的互利共赢。因此，积极构建养老服务多元供给主体模式，是应对养老服务供给不足的重要举措，更是社会发展的内在要求。

本章主要分析了养老服务多元供给主体互动合作的发展方向、策略和实现路径。本章首先提出协同提质是养老服务多元供给主体互动合作的发展方向；其次从养老服务的多元供给需要发挥政府的主导作用，养老服务的准公共物品属性决定了其不能完全市场化等角度提出了养老服务多元供给主体互动合作的基本策略；最后，从转变和优化政府职能，加强公益性社会组织建设以及鼓励与扶持营利性组织发展等方面阐述了养老服务多元供给主体互动合作的实现路径。

参考文献

1. 中文著作

[1] 陈红霞．社会福利思想［M］. 北京：社会科学文献出版社，2002.

[2] 陈华．吸纳与合作——非政府组织与中国社会管理［M］. 北京：社会科学文献出版社，2011.

[3] 陈金罗，刘培峰．转型社会中的非营利组织监管［M］. 北京：社会科学文献出版社，2010.

[4] 陈庆云，周志忍．自律与他律——第三部门监督机制个案研究［M］. 杭州：浙江人民出版社，1999.

[5] 程昔武．非营利组织治理机制研究［M］. 北京：中国人民大学出版社，2008.

[6] 杜鹏．中国人口老龄化过程研究［M］. 北京：中国人民大学出版社，1994.

[7] 邓国胜．非营利组织评估［M］. 北京：社会科学文献出版社，2001.

[8] 丁元竹．非政府公共部门与公共服务：中国非政府公共部门服务状况研究［M］. 北京：中国经济出版社，2005.

[9] 邓正来．国家与社会——一种社会理论的研究途径［M］. 北京：中央编译出版社，2002.

[10] 范丽珠．全球化下的社会变迁与非政府组织［M］. 上海：

上海人民出版社，2003.

[11] 高红．城市整合——社团、政府与市民社会［M］．南京：东南大学出版社，2008.

[12] 国家统计局．中国人口和就业统计年鉴 2009［G］．北京：中国统计出版社，2009.

[13] 顾丽梅．信息社会的政府治理：政府治理理念与治理范式研究［M］．天津：天津人民出版社，2003.

[14] 何怀宏．公平的正义——解读罗尔斯正义论［M］．济南：山东人民出版社，2003.

[15] 侯钧生，陈钟林．发达国家与地区社区发展经验［M］．北京：机械工业出版社，2004.

[16] 何增科．公民社会与第三部门［M］．北京：社会科学文献出版社，2000.

[17] 何增科．公民社会与民主治理［M］．北京：中央编译出版社，2007.

[18] 何增科．社会管理与社会体制［M］．北京：中国社会出版社，2008.

[19] 井敏．构建服务型政府——理论与实践［M］．北京：北京大学出版社，2006.

[20] 贾西津．第三次改革——中国非营利部门战略研究［M］．北京：清华大学出版社，2005.

[21] 敬乂嘉．合作治理：再造公共服务的逻辑［M］．天津：天津人民出版社，2009.

[22] 孔繁斌．公共性的再生产——多中心治理的合作机制构建［M］．南京：江苏人民出版社，2012.

[23] 康晓光．权力的转移：转型时期中国权力格局的变迁［M］．杭州：浙江人民出版社，1999.

[24] 李景鹏．当代中国政治发展的理论研究纲要［M］．哈尔滨：

黑龙江人民出版社，2000.

[25] 鲁可荣，王景新．中国城乡基层社会组织发展与管理研究[M]．北京：中国社会科学出版社，2009.

[26] 林闽钢．现代西方社会福利思想——流派与名家[M]．北京：中国劳动社会保障出版社，2012.

[27] 梁漱溟．中国文化要义[M]．上海：学林出版社，1987.

[28] 吕新发．农村基本公共服务制度创新——基于均等化目标下的研究[M]．北京：光明日报出版社，2012.

[29] 李珍刚．当代中国政府与非营利组织互动关系研究[M]．北京：中国社会科学出版社，2004.

[30] 麻宝斌．公共利益与政府职能[M]．长春：吉林人民出版社，2003.

[31] 宁波市海曙区民政局．海曙区社会组织培育发展文件资料汇编[Z]．2011.

[32] 秦晖．政府与企业以外的现代化——中西公益事业史比较研究[M]．杭州：浙江人民版社，1999.

[33] 任强．公共服务均等化问题[M]．北京：经济科学出版社，2009.

[34] 孙伯瑛．当代地方治理——面向21世纪的挑战[M]．北京：中国人民大学出版社，2004.

[35] 孙立平．转型与断裂：改革以来中国社会结构的变迁[M]．北京：清华大学出版社，2004.

[36] 孙立平．守卫底线：转型社会生活的基础秩序[M]．北京：社会科学文献出版社，2007.

[37] 孙立平．重建社会：转型社会的秩序再造[M]．北京：社会科学文献出版社，2009.

[38] 苏力，张守力．规制与发展——第三部门的法律环境[M]．杭州：浙江人民出版社，1999.

[39] 沈荣华．中国地方政府学［M］．北京：社会科学文献出版社，2006.

[40] 陶传进．社会公益供给——NPO、公共部门与市场［M］．北京：清华大学出版社，2005.

[41] 邬沧萍．社会老年学［M］．北京：中国人民大学出版社，1999.

[42] 王浦劬，莱斯特·M．萨拉蒙．政府向社会组织购买公共服务研究：中国与全球经验分析［M］．北京：北京大学出版社，2012.

[43] 王浦劬，徐湘淋．经济体制转型中的政府作用［M］．北京：新华出版社，2000.

[43] 汪锦军．走向合作治理：政府与非营利性组织合作的条件、模式和路径［M］．杭州：浙江大学出版社，2012.

[45] 吴锦良．政府改革与第三部门发展［M］．北京：中国社会科学出版社，2001.

[46] 魏礼群．社会管理创新案例选编［M］．北京：人民出版社，2011.

[47] 王名，刘国翰，何建宇．中国社团改革：从政府选择到社会选择［M］．北京：社会科学出版社，2001.

[48] 王名．非营利组织管理概论［M］．北京：中国人民大学出版社，2002.

[49] 王名．中国非政府公共部门［M］．北京：清华大学出版社，2004.

[50] 王名．中国民间组织30年——走向公民社会［M］．北京：社会科学文献出版社，2008.

[51] 王诗宗．治理理论及其中国适用性［M］．杭州：杭州大学出版社，2009.

[52] 汪玉凯．公共管理与非政府公共组织［M］．北京：中共中央党校出版社，2003.

[53] 王裔艳．居家养老机构可持续发展探索——上海社区助老服务社实证研究［M］．中国政法大学出版社，2020.

[54] 吴爱明，朱国斌，林震．当代中国政府与政治［M］．北京：中国人民大学出版社，2010.

[55] 肖金花．超大城市自助养老服务设计［M］．化学工业出版社，2021.

[56] 熊光清，李景治．当代中国政治发展与制度创新［M］．北京：中国人民大学出版社，2009.

[57] 谢庆奎，佟福玲．服务型政府与和谐社会［M］．北京：北京大学出版社，2006.

[58] 徐麟．中国慈善事业发展研究［M］．北京：中国社会出版社，2005.

[59] 徐湘林．寻求渐进政治改革的理性——理论、路径与政策过程［M］．北京：中国物质出版社，2009.

[60] 徐新，张钟汝．城市老龄社会政策的演进及挑战［M］．桂林：广西师范大学出版社，2012.

[61] 叶常林，许可祥，虞维华．非政府组织前沿问题研究［M］．安徽：中国科学技术大学出版社，2009.

[62] 应佐萍，桑铁菲．“互联网+”背景下智慧养老研究［M］．东北财经大学出版社，2019.

[63] 俞可平．治理与善治［M］．北京：社会科学文献出版社，2000.

[64] 俞可平，等．中国公民社会的兴起与治理的变迁［M］．北京：社科文献出版社，2002.

[65] 俞可平．权力政治与公益政治［M］．北京：社会科学文献出版社，2003.

[66] 俞可平．中国地方政府创新案例研究报告（2007—2008）［M］．北京：北京大学出版社，2009.

[67] 杨团．和谐社会与慈善研究［M］．北京：社会科学文献出版社，2007.

[68] 杨伟民．福利多元主义的兴起及其政策实践福利社会学［M］．北京：中国人民大学出版社，2013.

[69] 杨伟民．福利社会学［M］．北京：中国人民大学出版社，2013.

[70] 王彩波，王庆华．政府经济学［M］．北京：首都经济贸易大学出版社，2009.

[71] 王彩波．政治发展模式比较研究——新政治经济研究视角的分析［M］．北京：中国社会科学出版社，2010.

[72] 王裔艳．居家养老机构可持续发展探索——上海社区助老服务社实证研究［M］．中国政法大学出版社，2020.

[73] 王振海，黄文冰，严惜怡，等．寻求有效社会治理——国内外社会组织发展范式分析［M］．北京：社会科学文献出版社，2010.

[74] 王绍光．多元与统一——第三部门国际比较研究［M］．杭州：浙江人民出版社，1999.

[75] 吴玉韶．中国老龄事业发展报告（2013）［R］．北京：社会科学文献出版社．2013.

[76] 杨光斌．中国政府与政治导论［M］．北京：中国人民大学出版社，2003.

[77] 周光辉，等．社会公正与政府责任学术论文集［M］．长春：吉林人民出版社，2009.

[78] 朱光磊．城市公共服务体系建设纲要［M］．北京：中国经济出版社，2010.

[79] 张建东，陆江兵．公共组织学［M］．北京：高等教育出版社，2003.

[80] 朱健刚．行动的力量：民间志愿组织实践逻辑研究［M］．北京：商务印书馆，2008.

[81] 赵黎青．非政府组织与可持续发展 [M]．北京：经济科学出版社，1998.

[82] 褚松燕．中外非政府组织管理体制研究 [M]．北京：国家行政学院出版社，2008.

[83] 张强，刘江华，周晓津．增强城市综合服务功能研究——理论、实证与广州策略 [M]．北京：中国经济出版社，2011.

[84] 张明，朱爱华，徐成华．城市老年人社会服务体系研究 [M]．北京：科学出版社，2012.

[85] 张彩华．农村互助养老：幸福院的案例与启示 [M]．社会科学文献出版社，2020.

[86] 郑红．互助养老与社区时间货币：应对人口老龄化的金融创新 [M]．中国经济出版社，2019.

2. 中文期刊

[1] 白维军，王邹恒瑞．积极老龄化视域中的家庭养老政策支持研究 [J]．北京航空航天大学学报（社会科学版），2021 (1).

[2] 蔡岚．合作治理：现状和前景 [J]．武汉大学学报（哲学社会科版），2013 (3).

[3] 曹海军，闫晓玲．时间银行模式下政社协作关系分析——以 G 市 N 区间银行为例 [J]．理论学刊，2021 (1).

[4] 曹红梅，何新羊．积极老龄化视域下社会活动参与对老年人健康的影响 [J]．江苏社会科学，2022 (3).

[5] 陈恩．异地养老互助组织的行动逻辑——以东北老人“候鸟”生活为中心的经验研究 [J]．哈尔滨工业大学学报（社会科学版）2021 (3).

[6] 陈功，吴振东，许可，等．日本时间银行发展历程及对中国的启示 [J]．调研世界，2021 (11).

[7] 陈功，王笑寒．我国“时间银行”互助养老模式运行中的问

题及对策研究［J］．理论学刊，2020（6）．

［8］陈友华，苗国．制度主义视域下互助养老问题与反思［J］．社会建设，2021（5）．

［9］陈伟涛．“和而不同”：家庭养老、居家养老、社区养老和机构养老概念比较研究［J］．广西社会科学，2021（9）．

［10］崔月琴，朱先平．关系嵌入性视角下社区居家养老服务差异化研究——基于C市三种类型服务机构的调查分析［J］．吉林大学社会科学学报，2022（1）．

［11］杜鹏，安瑞霞．政府治理与村民自治下的中国农村互助养老［J］．中国农业大学学报（社会科学版），2019（3）．

［12］杜鹏，武玉．中国养老服务政策的变迁路径，动力机制与未来转型［J］．中州学刊，2023（3）．

［13］丁冬汉．从“元治理”理论视角构建服务型政府［J］．海南大学学报（人文社会科学版），2010（5）．

［14］丁煜，朱火云，周桢妮．农村互助养老的合作生产何以可能——内生需求和外部激励的必要性［J］．中州学刊，2021（6）．

［15］窦影．社区治理视角下城市老年人邻里互助养老“预阶段”的发展路径研究［J］．云南民族大学学报（哲学社会科学版），2020（5）．

［16］伏威．政府与养老服务社会组织合作的优化路径研究［J］．延边大学学报（社会科学版），2020（1）．

［17］范炜烽，祁静，薛明蓉，郑庆，甘筱敏．政府购买公民社会组织居家养老服务研究——以南京市鼓楼区为例［J］．科学决策，2010（4）．

［18］龚志文．责任分类下城市社区老人的养老责任认知及其影响因素——基于北京市S街道的实证分析［J］．湖北社会科学，2020（8）．

［19］郭林，谌基东．中国老年照护的嬗变、逻辑与制度完善［J］．学术研究，2021（7）．

[20] 郭竞成．居家养老模式的国际比较与借鉴 [J]．社会保障研究，2010（1）．

[21] 郭一娟，中国福利彩票的社会福利效果研究 [J]．学习与实践，2009（10）．

[22] 贺雪峰．互助养老：中国农村养老的出路 [J]．南京农业大学学报（社会科学版），2020（5）．

[23] 胡宏伟，时媛媛，张薇娜．需求与制度安排：城市化战略下的居家养老服务保障定位与发展 [J]．人口与发展，2011（6）．

[24] 胡湛，彭希哲．发展型福利模式下的中国养老制度安排 [J]．公共管理学报，2012（3）．

[25] 胡钊源，靳小怡．中国养老政策供给的地区差异性研究 [J]．中国人口·资源与环境，2020（7）．

[26] 敬乂嘉．老龄社会的复合治理体系：对 1982—2015 年老龄政策变迁的分析 [J]．中国行政管理，2020（5）．

[27] 句华．公共服务合同外包的适用范围：理论与实践的反差 [J]．中国行管理，2010（4）．

[28] 黎赵，罗树杰．"孝行天下"互助养老及其在西部民族地区的推广价值——基于广西西南部边疆民族地区 P 社区的案例研究 [J]．广西民族研究，2020（3）．

[29] 刘典文．为公众做个好交易：不断提高政府合同管理的能力和水平 [J]．领导科学，2012（5）．

[30] 刘红芹，包国宪．政府购买居家养老服务的管理机制研究——以兰州市城关区"虚拟养老院"为例 [J]．理论与改革，2012（1）．

[31] 李凤琴，陈泉辛．城市社区居家养老服务模式探索——以南京市鼓楼区政府向"心贴心老年服务中心"购买服务为例 [J]．西北人口，2012（1）．

[32] 李连友，李磊．构建积极老龄化政策体系，释放中国老年人口红利 [J]．中国行政管理，2020（8）．

［33］林闽钢．福利多元主义的兴起及其政策实践［J］．社会，2002（7）．

［34］林宝．积极应对人口老龄化：内涵、目标和任务［J］．中国人口科学，2021（3）．

［35］刘妮娜．中国城市互助型社会养老——定位、模式与路径［J］．社会发展研究，2020（3）．

［36］刘妮娜．从互助养老到互助共同体：现代乡村共同体建设的一种可行路径［J］．云南民族大学学报（哲学社会科学版），2021（2）．

［37］刘妮娜．论中国时间银行的特色及发展逻辑［J］．城市问题，2020（7）．

［38］刘景琦．动员式参与：老旧小区互助式养老模式的运作机制［J］．兰州学刊，2020（3）．

［39］刘玮．个体积极老龄化：积极老龄化的逻辑基础与政策取向［J］．云南社会科学，2021（3）．

［40］刘影，张小山，周立婷．从被动嵌入到跨界反思：社区营造中的社会组织实践策略研究［J］．华东理工大学学报（社会科学版），2021（6）．

［41］陆杰华，韦晓丹．老龄社会新形态下城市老年群体社会治理模式的变革［J］．江苏行政学院学报，2021（2）．

［42］陆海燕．养老服务共同生产的实践与探讨：以时间银行为例［J］．理论月刊，2021（7）．

［43］罗津．深度老龄化背景下城市社区居家养老的治理机制［J］．上海交通大学学报（哲学社会科学版），2021（4）．

［44］贾妍，蓝志勇，刘润泽．精准养老：大数据驱动的新型养老模式［J］．公共管理学报，2020（2）．

［45］金华宝．发达国家互助养老的典型模式与经验借鉴［J］．山东社会科学，2019（2）．

［46］敬乂嘉．老龄社会的复合治理体系：对1982—2015年老龄政

策变迁的分析［J］. 中国行政管理，2020（5）.

［47］穆光宗. 我国机构养老发展的困境与对策［J］. 华中师范大学学报，2012（2）.

［48］马骁. 城市居家养老服务的“可及性”：理论框架与政策实践［J］. 东岳论丛，2020（4）.

［49］孟佳娃，胡静波. 我国老年就业及协同养老问题分析［J］. 人民论坛，2022（3）.

［50］穆光宗，朱泓霏. 中国式养老：城市社区居家养老研究［J］. 浙江工商大学学报，2019（3）.

［51］聂建亮，唐乐. 人际信任、制度信任与农村老人互助养老参与意愿［J］. 北京社会科学，2021（5）.

［52］彭希哲，胡湛. 公共政策视角下的中国人口老龄化［J］. 中国社会科学，2011（3）.

［53］青连斌. 积极应对人口老龄化要“两手抓”的战略选择和政策建议［J］. 西北大学学报（哲学社会科学版），2021（2）.

［54］曲绍旭. 老化意识：理论溯源、政策困囿及优化策略［J］. 学习与实践，2021（7）.

［55］石人炳，王俊，梁勋厂. 从“互助”到“互惠”：经济欠发达农村地区老年照料的出路［J］. 社会保障研究，2020（3）.

［56］宋全成，孙敬华. 我国建立老年人长期照护制度可行吗？［J］. 经济与管理评论，2020（5）.

［57］睢党臣，程旭，李丹阳. 积极应对人口老龄化与我国独生子女父母自我养老问题［J］. 陕西师范大学学报（哲学社会科学版），2022（2）.

［58］孙燕. 养老服务社会化：政府、社区、社会组织三方合作的实践模式［J］. 学会，2012（12）.

［59］唐钧. 中国传统文化中的长期照护思想［J］. 湖南社会科学，2021（6）.

[60] 唐钧．老年居家服务的基本概念与认识误区 [J]．社会政策研究，2021 (4)．

[61] 唐魁玉，梁宏姣．智慧养老能力的现代化及其提升路径 [J]．社会科学战线，2022 (2)．

[62] 汪斌．中国老年人社区医养融合服务利用的影响因素 [J]．宁夏社会科学，2021 (5)．

[63] 王达梅．政府向社会组织购买公共服务的问题与对策分析 [J]．城市观察，2010 (5)．

[64] 汪大海，张建伟．福利多元主义视角下社会组织参与养老服务问题——“鹤童模式”的经验与瓶颈 [J]．华东经济管理，2013 (2)．

[65] 王学军．价值共创：公共服务合作生产的新趋势 [J]．上海行政学院学报，2020 (1)．

[66] 王远桂．论我国城市信息化发展历程和实施途径策略 [J]．理论与改革，2013 (4)．

[67] 王玥，毛佳欣．“时间银行”互助养老模式实现路径——以“五社联动”社区创新治理为背景 [J]．北京航空航天大学学报（社会科学版），2022 (2)．

[68] 吴湘玲．虚拟养老院：含义、问题与创新路径 [J]．人民论坛，2021 (12)．

[69] 伍海霞．城市第一代独生子女父母的养老研究 [J]．人口研究，2018 (5)．

[70] 辛宝英，杨真．社区支持对农村互助养老参与意愿的影响研究 [J]．中国人口科学，2021 (2)．

[71] 许敏，景荣杰．社区养老设施邻避效应的升级、僵局与治理——基于风险感知差异的视角 [J]．城市问题，2020 (7)．

[72] 许文文．超越行动者网络：基层社会治理共同体建构的本土路径——基于社区养老场域的田野观察 [J]．学习与实践，2021 (3)．

[73] 俞贺楠，王敏，李振．我国社区居家养老模式的出路研究

[J]. 河南社会科学，2011（1）.

[74] 杨团. 公办民营与民办公助——加速老年人服务机构建设的政策建［J］. 人文杂志，2011（6）.

[75] 杨晓楠. 养老服务社会化改革的困境与对策［J］. 东北师大学报（哲学社会科学版），2013（3）.

[76] 朱冬梅. 养老服务需求多元化视角下的社会组织建设［J］. 山东社会科学，2013（4）.

[77] 中国人口与发展研究中心课题组. 中国人口老龄化战略研究［J］. 经济研究参考，2011（34）.

[78] 张翼. 中国家庭的小型化、核心化与老年空巢化［J］. 中国特色社会主义研究，2012（6）.

[79] 周缘园. "福利多元主义"的兴起——福利国家到福利社会的转变［J］. 社会观察，2013（6）.

[80] 朱浩. 社区嵌入式养老服务的社会化运作机制及其实践逻辑［J］. 云南民族大学学报（哲学社会科学版），2020（5）.

[81] 朱火云，丁煜. 农村互助养老的合作生产困境与路径优化——以X幸福院为例［J］. 南京农业大学学报（社会科学版），2021（2）.

3. 中文译著

[1]［澳］罗伯特·E. 古丁. 保护弱势——社会责任的再分析［M］. 李茂森，译. 北京：中国人民大学出版社，2008.

[2]［德］康保锐. 市场与国家之间的发展政策：公民社会组织的可能性与界线［M］. 隋学礼，译. 北京：中国人民大学出版社，2009.

[3]［法］皮埃尔·卡蓝默. 破碎的民主——试论治理的革命［M］. 高凌翰，译. 北京：三联书店，2007.

[4]［法］让－皮埃尔·戈丹. 何谓治理［M］. 钟震宇，译. 北京：社会科学文献出版社，2010.

[5]［美］埃莉诺·奥斯特罗姆. 公共事务的治理之道——集体行

动制度的演进［M］. 余逊达，陈旭东，译. 上海：上海译文出版社，2012.

［6］［美］奥尔森. 集体行动的逻辑［M］. 陈郁，译. 上海：上海人民出版社，1995.

［7］［美］奥利弗·E. 威廉姆森. 资本主义经济制度［M］. 段毅才，王伟，译. 北京：商务印书馆，2002.

［8］［美］彼得·德鲁克. 非营利组织的经营之道［M］. 圣余慧芸，译. 台北：台湾远流出版事业有限公司，1994.

［9］［美］布鲁斯·宾伯. 信息与美国民主：技术在政治权力演化中的作用［M］. 刘钢，等，译. 北京：科学出版社，2010.

［10］［美］查尔斯·J. 福克斯，休·T. 米勒. 后现代公共行政——话语指向［M］. 楚艳红，曹沁颖，吴巧林，译. 北京：中国人民大学出版社，2002.

［11］［美］戴维·奥斯本，彼得·普拉斯特里克. 摒弃官僚制：政府再造的五项战略［M］. 谭功荣，刘霞，译. 北京：中国人民大学出版社，2002.

［12］［美］戴维·奥斯本，特德·盖布勒. 改革政府：企业家精神如何改革着公营部门［M］. 周敦仁，等，译. 上海：上海译文出版社，2006.

［13］［美］E·S. 萨瓦斯，民营化与公私部门的伙伴关系［M］. 周志忍，等，译. 北京：中国人民大学出版社，2002.

［14］［美］弗朗西斯·福山. 国家构建 21 世纪的国家治理与世界秩序［M］. 黄胜强，许铭原，译. 北京：中国社会科学出版社，2007.

［15］［美］菲利普·库珀. 合同制治理——公共管理者面临的挑战与机遇［M］. 竺乾威，卢毅，陈卓霞，译. 上海：复旦大学出版社，2007.

［16］［美］菲利普·J. 库珀，等. 二十一世纪的公共行政：挑战与改革［M］. 王巧玲，等，译. 北京：中国人民大学出版社，2006.

[17]［美］B. 盖伊·彼得斯．政府未来的治理模式［M］．吴爱明，等，译．北京：中国人民大学出版社，2002.

[18]［美］简·E. 芳汀．构建虚拟政府——信息技术与制度创新［M］．北京：中国人民大学出版社，2010.

[19]［美］格林斯坦·波尔斯比．政治学手册精选［M］．竺乾威，译．北京：商务印书馆，1996.

[20]［美］莱斯特·M. 萨拉蒙，等．全球公民社会——非营利部门视野［M］．贾西津，等，译．北京：社会科学文献出版社，2002.

[21]［美］莱斯特·M. 萨拉蒙．公共服务中的伙伴——现代福利国家中政府与非营利组织的关系［M］．田凯，译．北京：商务印书馆，2008.

[22]［美］罗尔斯．正义论［M］．何怀宏，等，译．北京：中国社会科学出版社，2009.

[23]［美］罗伯特·阿克塞尔罗德．合作的进化［M］．吴坚忠，译．上海：上海世纪出版社集团，2007.

[24]［美］罗伯特·阿格拉诺夫，迈克尔·麦圭尔．协作性公共管理：地方政府新战略［M］．李玲玲，等，译．北京：北京大学出版社，2007.

[25]［美］罗恩·阿什克纳斯，迪夫·乌里奇，等．无边界组织［M］．姜文波，译．北京：机械工业出版社，2005.

[26]［美］雷金纳德·范李，马克·盖伦切尔，费尔南多·纳波利塔诺，克里斯托弗·凯利．群——凝聚政府、企业和非营利组织力量的新模式［M］．时娜，译．海南：南海出版公司，2010.

[27]［美］拉里·波希迪，拉姆·查兰，查尔斯·伯克，执行——如何完成任务的学问［M］．刘祥亚，译．北京：机械工业出版社，2012.

[28]［美］丽莎·乔丹，［荷兰］彼得·范·图埃尔．非政府组织问责：政治、原则与创新［M］．康晓光，等，译．北京：中国人民大

学出版社，2008.

［29］［美］理查德·C. 博克斯．公民治理：引领 21 世纪的美国社区［M］．孙柏瑛，等，译．北京：中国人民大学出版社，2005.

［30］［美］罗伯特·丹哈特．公共组织理论［M］．项龙，等，译．北京：华夏出版社，2002.

［31］［美］迈克尔·罗斯金．政治科学［M］．林震，等，译．北京：华夏出版社，2001.

［32］［美］乔尔·S. 米格代尔．社会中的国家：国家与社会如何相互改变与相互构成［M］．李杨，郭一聪，译．南京：江苏人民出版社，2013.

［33］［美］佩特曼著．参与和民主理论［M］．陈尧，译．上海：上海世纪出版社，2006.

［34］［美］乔治·弗雷德里克森．公共行政的精神［M］．张成福，等，译．北京：中国人民大学出版社，2003.

［35］［美］斯蒂芬·戈德史密斯，威廉·D. 埃格斯．网络化治理——公共部门的新形态［M］．孙迎春，译．北京：北京大学出版社，2008.

［36］［美］唐纳德·凯特尔．权力共享：公共治理与私人市场［M］．孙迎春，译．北京：北京大学出版社，2009.

［37］［美］约翰·布赖森．公共与非营利组织战略规划：增强并保持组织成就的行动指南［M］．孙春霞，译．北京：北京大学出版社．

［38］［美］约翰·克莱顿·托马斯．公共决策中的公民参与：公共管理者的新技能与新策略［M］．孙柏瑛，等，译．北京：中国人民大学出版社，2005.

［39］［美］伊斯顿．政治生活的系统分析［M］．王浦劬，译．北京：华夏出版社，1999.

［40］［美］珍妮特·V. 登哈特，罗伯特·B. 登哈特．新公共管服务：服务，而不是掌舵［M］．丁煌，译．北京：中国人民大学出版

社，2010.

[41] [美] 詹姆斯·G. 马奇，[挪威] 约翰·P. 奥尔森，重新发现制度：政治的组织基础 [M]. 张伟，译．北京：生活·读书·新知三联书店，2011.

[42] [美] 詹姆斯·N. 罗西瑙．没有政府的治理 [M]. 张胜军，等，译．南昌：江西人民出版社，2001.

[43] [美] 詹姆斯·S. 鲍曼，乔纳森·P. 韦斯特，埃文·M. 伯曼，蒙哥马利·范·沃特．职业优势：公共服务中的技能三角 [M]. 张秀琴，译．北京：中国人民大学出版社，2005.

[44] [美] 朱莉·费希尔．NGO 与第三世界的政治发展 [M]. 邓国胜，赵秀梅，译．北京：社会文献科学出版社，2002.

[45] [英] 安德鲁·海伍德．政治学 [M]. 吴勇，译．北京：中国人民大学出版社，2006.

[46] [英] 安德鲁·坎贝尔，凯瑟琳·萨姆斯·卢克斯．战略协同 [M]. 北京：机械工业出版社，2000. 利组织的关系 [M]. 田凯，译．北京：商务印书馆，2008.

[47] [英] 安东尼·吉登斯．第三条道路社会民主主义的复兴 [M]. 郑戈，译．北京：北京大学出版社，2000.

[48] [英] 理查德·蒂特姆斯．蒂特姆斯社会政策十讲 [M]. 江绍康，译．长春：吉林出版集团有限责任公司，2011.

[49] [英] 戴维·米勒，韦农·波格丹诺．布莱克维尔政治学百科全书 [M]. 邓正来，译．北京：中国政法大学出版社，2002.

[50] [英] 罗德尼·特纳．项目的组织与人员管理 [M]. 戚安邦，等，译．天津：南开大学出版社，2005.

[51] [英] 戴维·贾奇，格里·斯托克，[美] 哈罗德·沃尔曼．城市政治学理论 [M]. 刘晔，译．上海：上海人民出版社，2009.

[52] [印] 阿马蒂亚·森．以自由看待发展 [M]. 任赜，于真，译．北京：中国人民大学出版社，2002.

［53］世界银行2004年世界发展报告：让服务惠及穷人［R］. 北京：中国财政经济出版社，2004.

4. 英文著作

［1］Alford J，O'Flynn J. Rethinking Public Service Delivery：Managing with External Providers［M］. New York：Red Globe Press，2012.

［2］Ben Jupp. Working together：creating a better environment for cross – sector partnership［M］. Demos：The Panton house，2000.

［3］Carole B C. Social Policy for an Aging Society：A Human Rights Perspective［M］. Berlin：Springer，2015.

［4］Chi K S，Jasper C. Private Practices：A Review of Privatization in State Government. Lexington［M］. KY：Council of State Governments，1997.

［5］David Miller. "Is Deliberative Democracy Unfair to Disadvantaged Groups?" in Democracy as Public Deliberation：New Perspectives［M］. Edited by Maurizio Passerin D'entreves. Manchester University Press，2002.

［6］Emerson K，Nabatchi T. Collaborative Governance Regimes［M］. Georgetown：Georgetown University Press，2015.

［7］Gunnar Lind Haase，Svendsen，Gert Tinggard Svendsen. The Creation and Destruction of Social Capital：Entrepreneurship，Cooperative Movements and Institutions［M］. Edward ElgarPublishing，2004.

［8］Glyn Davis，Michael Keating. The Future of Governance［M］. Allen & Unwin，2000.

［9］Harry R M，Jennifer R S. Aging：Concepts and Controversies［M］. New York：SAGE Publications，2017.

［10］James N. Rosrnau. Change，Complexity and Governance in a Globalizing Space［A］. Oxford：Oxford University：2000.

［11］Jan Kooiman，Kjell A. Eliassen. Managing Public Organization：

Lessons from comtemporary European experience [M]. Sage Publisher Ltd: 1995.

[12] Jing Y J. The Road to Collaborative Governance in China [M]. London: Palgrave Macmillan, 2015.

[13] Jon Pierre. Debating Governance: Authority Steering and democracy [M]. New York: Oxford University Press, 2000.

[14] Jan Kooiman. Governance and Governability: Using Complexity, Dynamics and Diversity In Modern Governanc [M]. London: sage, 1993.

[15] Jeffrey Preffer, Gerald R. Salannick. The External Control of Organizations: A Resource Dependence Perspective [M]. New York: Harper and Row, 1978.

[16] Keno S. Chi, Cindy Jasper. Private Practices: A Review of Privatization in State Government. Lexington [M]. KY: Council of State Governments, 1997.

[17] Louis Meuleman. Public Management and the Metagovernance of Hierarchies. Networks and Markets: The Feasibility of Designing and Managing Governance Style Combinations [M]. New York. NY: Physica – Verlag Heidelberg, 2008.

[18] Lester M. Salamon. The Tools of Governance: A Guide to the New Govern ance [M]. New York: Oxford University Press, 2002.

[19] Mariagrazia F, Enrico B, Mariafrancesca S. Co – production in the Public Sector: Experiences and Challenges, Berlin: Springer, 2016.

[20] Michelle Livermore. Handbook of Social Policy [C]. Thousand Oaks, CA: Sage Publications, 2000.

[21] Neil Gilbert. Welfare pluralism and social policy London: Prentice Hall Europe, 1999.

[22] Robert Wuthnow. Between States and Markets: Voluntary Sector in Comp arative Perspective [M]. Princeton University Press, 1991.

[23] Sven E. Olsson, Hans Hansen, Ingemar Eriksson, Social Security in Sweden and other European Countries: Three Essays [M]. Stockholm: Finans - Departmenter, 1993: 162.

[24] United Nations. World Population Prospects [M]. 2008.

4. 英文期刊

[1] Alford J. Coproduction. Interdependence and Publicness: Extending Public Service - Dominant Logic [J]. Public Management Review, 2015 (5).

[2] Alford J, O'Flynn K. Making Sense of Public Value: Concepts, Critiques and Emergent Meanings [J]. International Journal of Public Administration, 2016 (6).

[3] Bozeman, Daniel, et al. Public Value Mapping and Science Policy Evaluation [J]. Minerva, 2011 (1).

[4] Bowles S, Gintis H. A Cooperative Species - Human Reciprocity and Its Evolution [J]. Journal of Economics, 2011 (3).

[5] Ba L S. An Integrative Framework for Collaborative Governance [J]. Journal of Public Administration Research & Theory, 2012 (1).

[6] Bao G, Wang X, Larsen G, et al. Beyond New Public Governance: A Value - Based Global Framework for Performance Management, Governance [J]. and Leadership, Administration & Society, 2013 (4).

[7] Bryson J M, Crosby B C, Bloomberg L. "Public Value Governance: Moving Beyond Traditional Public Administration and the New Public Management [J]. Public Administration Review, 2014 (4).

[8] Brandsen T, Honingh M. Distinguishing Different Types of Coproduction: A Conceptual Analysis Based on the Classical Definitions [J]. Public Administration Review, 2016 (3).

[9] Cooper D. Time Against Time: Normative Temporalities and the

Failure of Community Labor in Local Exchange Trading Schemes [J]. Time & Society, 2013 (1).

[10] Clark B Y, Brudney J L, Jang S G. Coproduction of Government Services and the New Information Technology: Investigating the Distributional Biases [J]. Public Administration Review, 2013 (5).

[11] Cahn E S. Time Banking and Social Isolation: Providing Informal Care and Respite [J]. Innovation in Aging, 2017 (1).

[12] Doty. Considering Relocation Journal on Ageing to a RetirementVillage: Predictors from a Community Sample [J]. Australasian Journal on Ageing, 2013 (2).

[13] Davitt J K, Lehning A J, Scharlach A. Sociopolitical and Cultural Contexts of Community – Based Moddels in Aging [J]. The Village Initiative, 2015 (1).

[14] Eriksson E M. Representative Co – production: Broadening the Scope of the Public Service Logic [J]. Public Management Review, 2018 (2).

[15] Fotaki M. Co – Production Under the Financial Crisis and Austerity: A Means of Democratizing Public Services or a Race to the Bottom? [J]. Journal of Management Inquiry, 2015 (4).

[16] Farr M. Co – Production and Value Co – Creation in Outcome – Based Contracting in Public Services [J]. Public Management Review, 2016 (5).

[17] Friedman E M, Shih R A, Ahluwalia S C, et al. Factors Explaining State Differences in Applying for a Recent Long – Term Care Program that Promotes Aging in Place: Perspectives of Medicaid Administrators [J]. Journal of Applied Gerontology, 2020 (5).

[18] Howlett M. From the 'Old' to the 'New' Policy Design: Design Thinking beyond Markets and Collaborative Governance [J]. Policy Sciences, 2014 (3).

[19] Judith L. Time Banking and Health: the Role of a Community Currency Organization in Enhancing Well - being [J]. Health Promotion Practice, 2011 (1).

[20] James K, Holder - Nevins D, Morris C, et al. Ageing in Place: Implications of Morbidity Patterns among Older Persons-findings from a Cross - sectional Study in a Developing Country (Jamaica) [J]. Australasian Journal on Ageing, 2012 (1).

[21] Kehl K, Then V. Community and Civil Society Returns of Multi - generation Cohousing in Germany [J]. Journal of Civil Society, 2013 (1).

[22] Lun M W A. Exploring Formal Service Use by Older Chinese: A Case Study on a Naturally Occurring Retirement Community [J]. Journal of Social Service Research, 2011 (2).

[23] Lukáš, Válek, Veronika, et al. Time Bank and Sustainability: The Permaculture Approach [J]. Social and Behavioral Sciences, 2013 (2).

[24] León, M, Migliavacca M. Italy and Spain: Still the Case of Familistic Welfare Models? [J]. Population Review, 2013 (2).

[25] Osborne S. Delivering Public Services: Time for a New Theory? [J]. Public Management Review, 2010 (1).

[26] Morse R S. Integrative Public Leadership: Catalyzing Collaboration to Create Public Value [J]. Leadership Quarterly, 2010 (2).

[27] Milewa T, Valentine J, Calnan M. Community Participation and Citizenship in British Health CarePlanning: Narratives of Power and Involvement in the Changing Welfare State [J]. Sociology of Health & Illness, 2010 (4).

[28] Mcdonough K E, Davitt J K. It Takes a Village: Community Practice, Social Work, and Aging - in - Place [J]. Journal of Gerontological Social Work, 2011 (5).

[29] Meijer A J. Networked Coproduction of Public Services in Virtual

Communities: From a Government - Centric to a Community Approach to Public Service Support [J]. Public Administration Review, 2011 (4).

[30] Mcdougall C, Leeuwis C, Bhattarai T, et al. Engaging Women and the Poor: Adaptive Collaborative Governance of Community Forests in Nepal [J]. Agriculture and Human Values, 2013 (4).

[31] Maria T G. Overview of the Portuguese Three Pillar Pension System [J]. Nternational Advances in Economic Research, 2017 (23).

[32] Michael K, Klaus P. Population Age Structure and Consumption Growth: Evidence from National Transfer Account [J]. Journal of Population Economics, 2018 (1).

[33] Nabatchi T. Putting the ' Public ' Back in Public Values Research: Designing Participation to Identify and Respond to Values [J]. Public Administration Review, 2012 (1).

[34] Nabatchi T, Sancino A, Sicilia M. Varieties of Participation in Public Services: The Who, When, and What of Coproduction [J]. Public Administration Review, 2017 (5).

[35] Osborne S, Radnor Z, Strokosch K. Co - production and the Co - creation of Value in Public Services: A Suitable Case for Treatment? [J]. Public Management Review, 2016 (5).

[36] Osborne S P, Radnor Z, Strokosch K. Coproduction and the Co-creation of Value in Public Services: a Suitable Case for Treatment [J]. Public Management Review, 2016 (5).

[37] Osborne S. From Public Service - dominant Logic to Public Service Logic: Are Public Service Organizations Capable of Co - production and Value Co - creation? [J]. Public Management Review, 2018 (2).

[38] Purdy J M. A Framework for Assessing Power in Collaborative Governance Processes [J]. Public Administration Review, 2012 (3).

[39] Procter R, Greenhalgh T, Wherton J, et al. The Day - to - Day

Co – Production of Ageing in Place [J]. Computer Supported Cooperative Work, 2014 (3).

[40] Papaoikonomou E, Valor C. Exploring Commitment in Peer – to – peer Exchanges: the Case of Timebanks [J]. Journal of Marketing Management, 2016 (1).

[41] Rooks R, McCarthy S. Time – Banking and Health: is it a Suitable and Sustainable Social Capital Building Model for Seniors? [J]. The Gerontologist, 2015 (2).

[42] Seyfang G, Longhurst N. Growing Green Money? Mapping Community Currencies for Sustainable Development [J]. Ecological Economics, 2013 (2).

[43] Tareque M I, Hoque N, Islam T M, et al. Relationships between the Active Aging Index and Disability – Free Life Expectancy: A Case Study in the Rajshahi District of Bangladesh [J]. Canadian journal on aging, 2013 (4).

[44] Whitham M M, Clarke H. Getting is Giving: Time Banking as Formalized Generalized Exchange [J]. Sociology Compass, 2016 (1).

[45] Wu Y, Ding Y, Hu C, et al. The Influencing Factors of Participation in Online Time Bank Nursing for Community Elderly in Beijing, China [J]. Frontiers in Public Health, 2021 (1).

[46] Sunny Marche, James D. McNiven. E – Government and E – governance: The Future Isn't What it used to be [J]. Canadian Journal of Administrative Sciences, 2003, 20 (1).

[47] Tom Ling. Delivering joined – up government in the UK: dimensions, issues and problems [J]. Public Administration, 2002, 80 (4): 615 – 642.

附　录

养老服务多元供给主体互动合作状况调查问卷（老人卷）

尊敬的叔叔/阿姨：

您好！

您即将填答的是一项关于养老服务多元供给主体互动合作状况的调查，目的是通过对社区老年人养老服务的需求状况及供给满足程度的调查，了解多元供给主体在养老服务中的参与情况、作用大小及合作情况。

问卷中问题的回答没有对错之分，您只要根据您平时的想法和做法在相应答案上勾选即可。对于您的回答，我们将按照《统计法》的规定，严格保密，且只用于统计分析，请您不要有任何顾虑。希望您能协助我们完成此次访问，谢谢您的合作。

A 个人基本情况

A1. 您的性别：

1. 男　　　2. 女

A2. 您的年龄：________岁。

A3. 您的受教育程度是：

1. 未上学　　2. 小学及以下　　3. 初中　　4. 高中/中专

5. 大专及以上

A4. 您目前的婚姻状况是：

1. 初婚有配偶　2. 再婚有配偶　3. 丧偶　4. 离婚

5. 未婚　6. 同居

A5. 现和您共同居住的有（可多选）：

1. 配偶　2. 子辈　3. 孙辈　4. 其他亲戚

5. 保姆　6. 自己居住

7. 其他（请注明___________）

A6. 您退休前所在单位的类型是：

1. 党政机关　2. 企业　3. 事业单位　4. 社会团体

5. 无单位　6. 自办企业　7. 军队　8. 其他（请注明_____）

A7. 您目前的主要生活来源是：

1. 自己的离/退休金　2. 自己劳动/工作所得

3. 配偶的收入　4. 子女的资助

5. 其他亲属的资助　6. 政府/非营利组织的补贴/资助

7. 以前的积蓄　8. 房屋、土地等租赁收入

9. 其他（请注明___________）

A8. 20××年您家庭平均每月的收入是：

1. 无收入　2. 700元及以下　3. 701～1500元

4. 1501～3000元　5. 3001～5000元　6. 5001～10000元

7. 10001元及以上

A9. 下面询问一些您在养老项目上的支出情况（按20××年情况）。

1. 康复护理	元/月
2. 长期照料	元/月
3. 医药费用	元/月
4. 家政服务	元/月
5. 其他（请注明______________）	元/月

A10. 您觉得您目前的身体状况是：

1. 很健康　　2. 健康　　3. 一般　　4. 不健康

A11. 您患有下列慢性病中哪一种或哪几种：

1. 高血压　　2. 糖尿病　　3. 慢性支气管炎　　4. 肺气肿

5. 肺心病　　6. 心脏病　　7. 关节炎　　8. 风湿病　　9. 哮喘

10. 其他（请注明＿＿＿＿＿＿）

A12. 就目前的身体状况来讲，您的生活起居（如：吃饭、穿衣、洗澡、上厕所）是否需要别人为您提供帮助：

1. 需要　　2. 不需要

A13. 现在是否需要他人照料您的生活起居：

1. 是　　2. 否

A14. 您与子女联系的频率是：

1. 几乎天天　　2. 每周至少一次　　3. 每月至少一次

4. 一年几次　　5. 几乎没有

A15. 您和朋友联系的频率是：

1. 几乎天天　　2. 每周至少一次　　3. 每月至少一次

4. 一年几次　　5. 几乎没有

A16. 如果您遇到问题和困难，最希望得到谁的帮助：

1. 配偶或子女　　2. 其他亲属　　3. 朋友、邻居

4. 居委会和社区工作者　　5. 拨打 120、110 等救助热线

6. 其他（请注明＿＿＿＿＿＿）

A17. 您认为应该由谁承担养老责任：

1. 政府　　2. 所在社区　　3. 子女　　4. 老人自己或配偶

5. 不好说

A18. 您心中最理想的养老方式是：

1. 住在家里由亲人照顾　　2. 住在家中接受社区服务

3. 住在养老院　　4. 其他（请注明＿＿＿＿＿＿）

A19. 总的来说，您对您目前生活的评价是：

1. 满意　　2. 一般　　3. 不满意

B 社区支持情况

B1. 您家到最近的服务机构的距离大概有：__________

1. 500 米　　2. 1 公里　　3. 两公里　　4. 3 公里

5. 3 公里以上

B2. 您到社区医疗机构需要花费约________分钟。

B3. 下面询问您一些关于社区医疗机构提供服务的情况。

服务类型	a. 您是否需要社区医疗机构提供此服务：1. 是　2. 否	b. 去年（20××年）您是否使用过此服务：1. 是　2. 否	c. 您对此服务的评价：1. 满意　2. 一般　3. 不满意（前一项选否，则此项不填）
1. 上门护理服务			
2. 上门看病服务			
3. 康复治疗服务			
4. 紧急救助服务			
5. 特殊药品服务			
6. 日常保健服务			

B4. 下面询问您一些关于社区为老年人提供相关服务的情况。

服务类型	a. 社区是否提供/举办过此服务：1. 是　2. 否	b. 就您自身而言，您认为社区是否有必要向社区老年人提供该服务：1. 是　2. 否
1. 上门探访		
2. 老年人服务热线		
3. 法律援助		
4. 困难救助		
5. 上门做家务		
6. 老年饭桌或送饭		
7. 日托所或托老所		
8. 心理咨询		
9. 组织文体活动		
10. 代办购物和邮寄		
11. 其他（请注明________）		

B5. 您所在的社区有哪些适合老年人的活动场所或设施（可多选）：

1. 老年活动室　2. 老年健身室　3. 棋牌室/麻将室等

4. 图书馆　5. 室外活动场地　6. 老年学习室

7. 老年康复中心　8. 以上都没有　9. 其他（请注明______）

B6. 总体来讲，您对目前社区提供的相关养老服务的评价是：

1. 满意　2. 一般　3. 不满意

B7. 您认为社区中的这些养老服务还需要哪些改进：

1. 增加服务项目（请注明________）

2. 提高工作人员专业性

3. 降低费用

4. 其他（请注明________）

您的填答到此结束，再次感谢您对我们工作的支持与配合。

养老服务多元供给主体互动合作状况调查问卷（社区负责人卷）

尊敬的____________社区负责人：

您好！

您即将填答的是一项关于养老服务多元供给主体互动合作状况的调查，目的是通过对社区老年人养老服务的需求状况及供给满足程度的调查，了解多元供给主体在养老服务中的参与情况、作用大小及合作情况。

问卷中问题的回答没有对错之分，您只要根据您平时的想法和做法在相应答案上勾选即可。对于您的回答，我们将按照《统计法》的规定，严格保密，且只用于统计分析，请您不要有任何顾虑。希望您能协助我们完成此次访问，谢谢您的合作。

A 社区基本信息

A1. 贵社区的总人口数为______人；60 岁以上的人口有______人；其中半失能老人______人；失能老人______人。

A2. 去年贵社区用于养老服务的经费为______元，其中政府投入______元、各种社会捐助______元，社区服务项目收入投入______元，博彩、有奖募捐基金收入______元，其他（请填写收入来源及金额）：______。（无相应项目请填 0）

A3. 去年（20××年）贵社区用于养老服务的支出项目为：______（无相应项目请填 0）

B 社区居家养老服务供给情况

B1. 贵社区内提供居家养老服务的机构有______个，其中政府组织机构______个，非营利性的民间组织机构______个，营利性的组织机构______个。

B2. 贵社区内提供居家养老服务的机构由不同的兴办主体兴办的个数为：政府单位兴办 ______个，居民自治组织兴办______个，国内非营利社会团体兴办______个，民办企业兴办______个，基金会兴办______个，涉外社会组织兴办______个，其他兴办主体兴办______个。

B3. 贵社区内是否设立了社区服务中心/服务站：______

1. 是　　2. 否（请跳到 B5 继续作答）

B4. 社区服务中心/服务站提供的社区居家养老服务项目有（可多选）：____________

1. 社会保障相关服务（包括生活救助站、社保卡受理分站点、医疗保险事务受理、慈善捐赠事务受理等）

2. 医疗保健相关服务（社区卫生服务中心/服务站、康复治疗室、体质测试站等）

3. 社会福利相关服务（包括社区福利院/日托所、残疾老人服务中心/服务站等）

4. 社区文体活动类服务（包括文化活动中心、老年人活动室、老人年体育俱乐部等）

5. 教育科普类服务（包括老年法律课堂与司法援助、老年大学、老年人图书馆和阅览室等）

6. 其他（请注明____________）

B5. 贵社区内是否设立了社区卫生服务中心/服务站：

1. 是　　2. 否（请跳到 B7 继续作答）

B6. 社区卫生服务中心/服务站提供的老年人服务有：（可多选）

1. 自助体测（包括自动身高体重测量仪、血压计、血糖测试仪、身体成分分析仪等设备）

2. 健康宣传与指导（包括健康生活注意事项宣传、饮食营养指导、健康生活方式指导等

3. 心理健康服务（包括心理疏导服务、心理咨询服务等）

4. 康复治疗（包括设立康复治疗室、上门提供康复服务等）

5. 紧急救助（包括吸氧设备、速效急救药品等）

6. 诊疗服务（包括常见病诊疗、慢性病用药监控、上门输液打针、输液室等专门房间的设置等）

7. 药品服务（包括常用药品、依照国家政策免费发放的特殊药品等）

8. 其他（请注明________________________）

B7. 贵社区提供的社区居家养老服务的方式主要是：________

1. 有偿的小时工性质的家庭服务员入户服务

2. 低偿的小时工性质的家庭服务员入户服务

3. 无偿的小时工性质的家庭服务员入户服务

4. 有偿的社区站点形式的日间照料服务

5. 低偿的社区站点形式的日间照料服务

6. 无偿的社区站点形式的日间照料服务

7. 邻里志愿性质的服务　　8. 其他（请注明________________）

B8. 贵社区提供的社区居家养老服务项目主要有：______

1. 迅铃急救　　2. 电话送餐　　3. 家政卫生　　4. 长期护理

5. 情感陪护　　6. 代办购物、邮寄等　　7. 其他（请注明____）

B9. 贵社区开展过哪些慰老服务（可多选）：________

1. 老年人讲座　　2. 定期免费体检　　3. 少年志愿者进社区

4. 传统节日庆祝活动　　5. 未开展过　　6. 其他（请注明_____）

B10. 依照国家福利政策，贵社区开展了哪些特殊老人群体的服务（可多选）：

1. 高龄老人补贴与养老服务　　2. 失独老人补贴与养老服务

3. 空巢老人养老服务　　4. 其他（请注明__________）

C 社区居家养老服务接受情况

C1. 本年度贵社区接受过社区居家养老服务的老人平均为______人次/月。与去年同期相比这一人数的变化是：________

1. 变多了　　2. 持平　　3. 变少了　　4. 去年数据缺失无法比较

C2. 上一年度接受过社区居家养老服务的老年人共______人，其中半失能老人______人，失能老人______人。

C3. 上一年度接受过社区居家养老服务的老年人按年龄分类后的人数是：60～69岁的______人，70～79岁的______人，80～89岁的______人，90岁及以上的______人。

C4. 若请老人对接受的服务进行评价，您认为可能的打分是__________分（10分制）。

C5. 为了提高老人对所接受服务的评价，您最期待哪项举措：________________

1. 出台新的优惠政策和制度

2. 更广泛的资金来源和更多的资金支持

3. 更专业的服务人才加入

4. 其他（请注明____________________）

您的填答到此结束，再次感谢您对我们工作的支持与配合。